MARCO POLO

GRIECHISCH

Reisen mit **Insider Tipps**

W0085498

■ Amtssprache Griechisch

> Worte verbinden, Worte erschließen neue Welten, Worte lassen Sie einfach mehr erleben.

Und damit Sie auch immer die richtigen finden, haben wir Ihnen die wichtigsten für Ihren Ausflug in eine fremde Kultur und Sprache zusammengestellt.

Und sollten Sie einmal sprachlos sein, dann helfen Ihnen unsere Zeigebilder unkompliziert weiter.

Wir wünschen Ihnen viel Spaß auf Ihrer Reise!

GRIECHISCH

Wie viel kostet es?
Πόσο κοστίζει;
'poso
ko'stisi?

> EINFACHE AUSSPRACHE

Keine Scheu einfach loszulegen:
Für die korrekte Aussprache sorgt die einfache Lautschrift – bei sämtlichen Wörtern, Begriffen und Formulierungen.

> ZEIGEBILDER

Bilder machen die Verständigung noch leichter. Ob beim Shoppen, im Restaurant, im Hotel oder bei Fragen zum Auto: unsere Zeigebilder helfen in jedem Fall schnell weiter.

> SCHNELL NACH-GESCHLAGEN

VON A–Z
Die wichtigsten Themen alphabetisch sortiert:
Vom Arztbesuch bis zum Telefongespräch.

WÖRTERBUCH
Hier finden Sie die 1333 wichtigsten Begriffe.
Einfach praktisch!

INHALT

> SPEISEKARTE

Mit Spaß bestellen und mit Genuss essen – denn für Sie ist die Speisekarte in Landessprache ab jetzt kein Buch mit sieben Siegeln mehr.

> VOLLES PROGRAMM

Kultur oder Action, Sprach- oder Kochkurs, Tauchen oder Theaterabend: Formulierungen die dafür sorgen, dass Ihr Urlaub noch spannender wird.

> WIE DIE EINHEIMISCHEN

Insider Tipps Damit Sie als echter Insider gelten, nicht als Tourist.

BLOSS NICHT! Hilft, Fettnäpfchen zu vermeiden.

ACHTUNG! SLANG Einheimische noch besser verstehen!

Farben, Muster, Materialien helfen Ihnen beim Einkaufen. Weitere Helfer für (fast) jede Gelegenheit finden Sie in diesem Sprachführer.

AUSSPRACHE

Zur Erleichterung der Aussprache sind alle griechischen Wörter und Wendungen mit einer einfachen Aussprache versehen.

' Die nachfolgende Silbe wird betont; z. B. εικόνα [i'kona] (Bild).

Buchst.		Name	Lautwert
A	α	['alfa]	[a]
B	β	['wita]	[w]
Γ	γ	['gama]	Besonderer griechischer Laut, je nach Lage als [j] oder [g] wiedergegeben.
Δ	δ	['ðälta]	[ð] wie englisches „th", mit der Zungenspitze hinter den Zähnen, stimmhaft (weich) ausgesprochen wie in engl. that
E	ε	['äpsilon]	[ä]
Z	ζ	['sita]	[s], stimmhaft wie in „sagen"
H	η	['ita]	[i]
Θ	θ	['θita]	[θ] wie englisches „th", mit der Zungenspitze zwischen den Zähnen, stimmlos (stumpf) ausgesprochen wie in engl. thing
I	ι	['jota]	[i] [j] vor betontem Vokal
K	κ	['kapa]	[k] unaspiriertes k (fast schon ein g)
Λ	λ	['lamða]	[l]
M	μ	[mi]	[m]
N	ν	[ni]	[n]
Ξ	ξ	[ksi]	[ks]
O	o	['omikron]	[o], offen ausgesprochen wie in „offen"
Π	π	[pi]	[p] unaspiriertes p (fast schon ein b)
P	ρ	[ro]	[r] (Zungen-r)
Σ	σ, ς	['sigma]	[s] stimmloses, scharfes s wie in „Kasten"
T	τ	[taf]	[t] unaspiriertes t (fast schon ein d)
Y	υ	['ipsilon]	[i]
Φ	φ	[fi]	[f]
X	χ	[chi]	[ch] wie in „ach"; wie in „ich" vor [ä, i]
Ψ	ψ	[psi]	[ps]
Ω	ω	[o'mäga]	[o], offen ausgesprochen wie in „offen"
;		[?]	Das Fragezeichen wird im Griechischen als Semikolon wiedergegeben.

Buchstabenverbindung		Lautwert	Musterwort	
αι		[ä]	ταινία	[tä'nia]
αυ	vor Vokal oder stimmhaften Konsonanten	[aw]	αύριο	['awrio]
	vor stimmlosen Konsonanten	[af]	αυτός	[af'tos]
ευ	vor Vokal oder stimmhaften Konsonanten	[äw]	Ευρώπη	[ä'wropi]
	vor stimmlosen Konsonanten	[äf]	ευχαριστώ	[äfchari'sto]
ει		[i]	εικόνα	[i'kona]
			όλοι	['oli]
οι	zwischen Konsonant und betontem Vokal, außer nach [j]	[j]	δουλειά	[ðu'lja]
			τακτοποιώ	[takto'pjo]
ου		[u]	ουρανός	[ura'nos]
γι	vor [a, o, u]	[j]	γιός	[jos]
γγ		[ng]	στρογγυλός	[strongi'los]
γκ	am Wortanfang	[g]	γκρί	[gri]
	im Wortinnern	[ng]	παγκάκι	[pang'gaki]
γχ		[ngch]	εγχείρηση	[äng'chirisi]
μπ	am Wortanfang	[b]	μπλέ	[blä]
	im Wortinnern*	[mb]	κουμπί	[kum'bi]
ντ	am Wortanfang	[d]	ντούς	[dus]
	im Wortinnern*	[nd]	δόντι	['ðondi]
ν	am Wortende + μπ	[mb]	δέν μπορείτε	[ðäm bo'ritä]
	+ π	[mb]	τον προσέχω	[tom bro'sächo]
	+ ψ	[mbs]	τήν ψυχή	[tim bsi'chi]
	+ τ	[nd]	τήν τέντα	[tin 'dända]
	+ τσ	[nds]	τήν τσάντα	[tin 'dsanda]

* außer in bestimmten Fremdwörtern und fremden Namen

Die Aussprache Griechisch steht im Folgenden immer in der mittleren Spalte (in der jeweiligen Kapitelfarbe); in den Informationskästen und im Wörterbuchteil ist sie in eckigen Klammern angegeben.

AUSSPRACHE

acc	Akkusativ, 4. Fall
adj	Adjektiv, Eigenschaftswort
adv	Adverb, Umstandswort
conj	Konjunktion, Bindewort
etw	etwas
f	Femininum, weiblich
gen	Genitiv, 2. Fall
jdm	jemandem
jdn	jemanden
m	Maskulinum, männlich
n	Neutrum, sächlich
pers prn	Personalpronomen
pl	Plural, Mehrzahl
poss prn	Possessivpronomen
prn	Pronomen, Fürwort
prp	Präposition, Verhältniswort
s.	sich
sing	Singular, Einzahl
verb	Verb, Zeitwort

> ## EXTRABETT IN STRANDNÄHE

Ob Sie ein Traumhotel am Meer suchen oder ein Zusatzbett im Zimmer brauchen: Formulieren Sie Ihre Urlaubswünsche per E-Mail, Fax oder am Telefon – und gehen Sie entspannt auf Reisen.

BUCHUNG PER E-MAIL*

■ **HOTEL** | ˈäna ksänoðoˈchio | ένα ξενοδοχείο

Sehr geehrte Damen und Herren,
vom 24. bis 26. Juni hätte ich gern für zwei Nächte ein Einzel-/Doppel-/Zweibettzimmer.
Bitte teilen Sie mir mit, ob Sie ein Zimmer frei haben und was es pro Nacht, einschließlich Frühstück, kostet.
Mit freundlichen Grüßen

* Bei den beiden E-Mail-Mustern wurde eine englische Übersetzung gewählt. Damit Sie auch mit Ihrer Tastatur problemlos von zu Hause buchen können. In der Tourismusbranche in Griechenland ist Englisch weit verbreitet.

REISE
PLANUNG

Dear Sir or Madam,
I would like to book a single/double/twin-bedded room for 2 nights on the 24th and 25th June. Please let me know if you have any vacancies and the cost per night plus breakfast.
Yours faithfully,

■ MIETWAGEN | änikja'zomäno afto'kinito | Ενοικιαζόμενο αυτοκίνητο ■

Sehr geehrte Damen und Herren,
für die Zeit vom 20. – 25. Juli möchte ich gern ab Flughafen XXX einen Kleinwagen/einen

Mittelklassewagen/eine Luxuslimousine/einen Kleinbus mieten. Mein Rückflug geht ab YYY, und deshalb möchte ich das Auto dort zurückgeben. Bitte teilen Sie mir Ihre Tarife mit und welche Unterlagen ich benötige.
Mit freundlichen Grüßen

Dear Sir or Madam,
I would like to hire a small / mid-range / luxury saloon car / minibus from July 20 – 25 from XXX Airport. I depart from YYY Airport so wish to leave the car there. Please inform me of your rates and what documents I shall require.
Yours faithfully,

FRAGEN ZUR UNTERKUNFT

Ich habe vor, meinen Urlaub in ... zu verbringen. Können Sie mir bitte Informationen über Unterkünfte in der Gegend geben?	θa 'iθäla na pä'raso tis δiako'päs mu sä ... θa bo'rusatä na mu 'δosätä plirofo'riäs ja δo'matia sä af'ti tim bärio'chi?	Θα ήθελα να περάσω τις διακοπές μου σε … Θα μπορούσατε να μου δώσετε πληροφορίες για δωμάτια σε αυτή την περιοχή;
Ist es zentral/ruhig/ in Strandnähe gelegen?	'wriskätä sä kändri'ki/'isichi 'θäsi/kon'da stim bara'lia?	Βρίσκεται σε κεντρική/ίσυχη θέση/κοντά στην παραλία;
Wie viel kostet das pro Woche?	'poso ko'stizi ti wδo'maδa?	Πόσο κοστίζει τη βδομάδα;
Hat diese Unterkunft eine Internet- oder E-Mail-Adresse?	i'parchi ä'δo di'äfθinsi 'indärnät i 'imäil?	Υπάρχει εδώ διεύθυνση ίντερνετ ή e-mail;
Hotel	ksänoδo'chio	ξενοδοχείο
Pension	pan'sjon	πανσιόν
Zimmer	änikja'zomäno δo'matio	(ενοικιαζόμενο) δωμάτιο
Ferienwohnung	'studio	στούντιο

HOTEL – PENSION – ZIMMER | to ksänoδo'chio i pan'sion to δo'matio
Το ξενοδοχείο - Η πανσιόν - Το δωμάτιο

 Übernachtung: Seite 68 ff.

Ich suche ein Hotel, jedoch nicht zu teuer – etwas in der mittleren Preislage.	'psachno ja ksänoδo'chio a'la 'ochi 'kati po'li akri'wo – 'kati ja mia loji'ki ti'mi.	Ψάχνω για ξενοδοχείο, αλλά όχι κάτι πολύ ακριβό - κάτι για μια λογική τιμή.
Ich suche ein Hotel mit ...	'psachno ksänoδo'chio mä ...	Ψάχνω ξενοδοχείο με ...

Wellnessbereich.	pärio'chi spa.	περιοχή σπα.
Swimmingpool.	pi'sina.	πισίνα.
Tennisplätzen.	'jipäða 'tänis.	γήπεδα τένις.
Können Sie mir ein schönes Zimmer mit Frühstück empfehlen?	bo'ritä na mu si'stisätä 'äna ka'lo ðo'matio mä proi'no?	Μπορείτε να μου συστήσετε ένα καλό δωμάτιο με πρωινό;
Ist es möglich, ein weiteres Bett in diesem Zimmer aufzustellen?	i'parchi ðina'totita na 'walätä ki'alo krä'wati sto ðo'matio af'to?	Υπάρχει δυνατότητα να βάλετε κι άλλο κρεβάτι στο δωμάτιο αυτό;

FERIENHÄUSER/FERIENWOHNUNGEN | äksochi'ka 'spitja/'studio
Εξοχικά σπίτια/Στούντιο

 Übernachtung: Seite 74 f.

Ich suche eine Ferienwohnung oder einen Bungalow.	'psachno 'studio i banga'lou.	Ψάχνω στούντιο ή μπανγκαλόου.
Für wie viele Leute soll es sein?	ja 'posa 'atoma na 'inä?	Για πόσα άτομα να είναι;
Gibt es ...?	i'parchi ...?	Υπάρχει ...;
eine Küche	'mia ku'zina	μία κουζίνα
eine Spülmaschine	plin'dirio 'pjaton	πλυντήριο πιάτων
einen Kühlschrank	'äna psi'jio	ένα ψυγείο
eine Waschmaschine	plin'dirio	πλυντήριο
eine Klimaanlage	klimatis'mos	κλιματισμός
ein Kinderbett	päði'ko krä'wati	παιδικό κρεβάτι
Sind die Stromkosten im Preis enthalten?	simbärilam'wanätä to 'räwma stin di'mi?	Συμπεριλαμβάνεται το ρεύμα στην τιμή;
Werden Bettwäsche und Handtücher gestellt?	θa 'parumä kä sän'donia kä pä'tsätäs?	Θα πάρουμε και σεντόνια και πετσέτες;
Wie viel muss ich anzahlen und wann ist die Anzahlung fällig?	pja 'inä i prokatawo'li kä 'mächri 'potä na tim bli'roso?	Ποια είναι η προκαταβολή και μέχρι πότε να την πληρώσω;
Wo und wann kann ich die Schlüssel abholen?	pu kä 'potä bo'ro na 'paro ta kli'ðja?	Πού και πότε μπορώ να πάρω τα κλειδιά;

CAMPING | 'kambing | Κάμπινγκ

Ich suche einen schönen Campingplatz (am Wasser).	'psachno ja o'räo 'kambing (kon'da sti 'θalasa).	Ψάχνω για ωραίο κάμπινγκ (κοντά στη θάλασσα).
Können Sie mir irgend etwas empfehlen?	bo'ritä na mu sis'tisätä 'kati?	Μπορείτε να μου συστήσετε κάτι;

> MEHR ERLEBEN

Nur keine Scheu! Der Smalltalk im Café, die Plauderei beim Ein-
kauf, der Flirt beim Clubben – reden Sie drauflos, es ist einfacher
als Sie denken! Und macht die Reise erst so richtig spannend.

■ BEGRÜSSUNG | chärätis'mos | Χαιρετισμός

Guten Morgen!	kali'mära!	Καλημέρα!
Guten Tag!	'chärätä!	Χαίρετε!
Guten Abend!	kali'spära!	Καλησπέρα!
Hallo!/Grüß dich!	'jasu!	Γειά σου!
Wie geht es Ihnen?	'pos 'istä?	Πώς είστε;
Wie geht's?	'pos 'pai?	Πώς πάει;
Danke. Und Ihnen/dir?	ka'la äfchari'sto. ä'sis/ä'si?	Καλά, ευχαριστώ. Εσείς/εσύ;

IM GESPRÄCH

■ MEIN NAME IST ... | mä 'länä ... | Με λένε ...

Wie ist Ihr Name, bitte?	'pos sas 'länä, paraka'lo?	Πώς σας λένε, παρακαλώ;
Wie heißt du?	pos sä 'länä?	Πώς σε λένε;
Darf ich bekannt machen?	bo'ro na sas si'stiso?	Μπορώ να σας συστήσω;
Das ist ...	a'po ðo ...	Από δω …
Frau X.	i ki'ria ...	η κυρία …
Herr X.	o 'kirios ...	ο κύριος …
Nett, Sie kennen zu lernen.	'chäro po'li.	Χαίρω πολύ.

■ AUF WIEDERSEHEN! | a'dio! | Αντίο!

Tschüss!	'ja!	Γεια!
Bis bald!/Bis später!	ta 'lämä!	Τα λέμε!
Bis morgen!	ta 'lämä 'awrio!	Τα λέμε αύριο!
Gute Nacht!	ka'li 'nichta!	Καλή νύχτα!
Gute Reise!	ka'lo ta'ksiði!	Καλό ταξίδι!

■ BITTE | paraka'lo | Παρακαλώ

Darf ich Sie um einen Gefallen bitten?	bo'ro na sas si'tiso mia 'chari?	Μπορώ να σας ζητήσω μια χάρη;
Können Sie mir bitte helfen?	bo'ritä na mä woi'θisätä paraka'lo?	Μπορείτε να με βοηθήσετε, παρακαλώ;
Gestatten Sie?	äpi'träpätä?	Επιτρέπετε;
Bitte schön.	o'ristä.	Ορίστε.
Gern geschehen!	paraka'lo. to 'äkana mä äfcha'ristisi.	Παρακαλώ. Το έκανα με ευχαρίστηση.
Mit Vergnügen.	po'li äfcha'ristos.	Πολύ ευχαρίστως.

■ DANKE | äfchari'sto | Ευχαριστώ

Vielen Dank.	äfchari'sto po'li.	Ευχαριστώ πολύ.
Danke, sehr gern.	nä, äfcha'ristos.	Ναι, ευχαρίστως.
Nein, danke.	'ochi, äfchari'sto.	Όχι, ευχαριστώ.
Danke, gleichfalls!	äfchari'sto, ä'pisis!	Ευχαριστώ, επίσης!
Das ist nett, danke.	po'li äwjäni'ko, äfchari'sto.	Πολύ ευγενικό, ευχαριστώ.
Vielen Dank für Ihre Hilfe.	äfchari'sto po'li ja ti wo'i'θja sas.	Ευχαριστώ πολύ για τη βοήθειά σας.

■ ENTSCHULDIGUNG! | si'gnomi! | Συγνώμη!

| Das tut mir leid. | li'pamä. | Λυπάμαι. |
| Schade! | 'krima! | Κρίμα! |

■ ALLES GUTE! | sto ka'lo! | Στο καλό!

| Herzlichen Glückwunsch! | θär'ma singchari'tiria! | Θερμά συγχαρητήρια! |
| Alles Gute!/Alles Gute zum Geburtstag! | 'chronia 'pola! | Χρόνια πόλλα! |

> *www.marcopolo.de/griechisch*

Viel Erfolg!	ka'li äpiti'chia!	Καλή επιτυχία!
Viel Glück!	ka'li 'tichi!	Καλή τύχη!
Gute Besserung!	pärasti'ka!	Περαστικά!

■ KOMPLIMENTE | kombli'mända | Κομπλιμέντα

Wie schön!	ti o'räo!	Τι ωραίο!
Das ist wunderbar!	af'to 'inä θaw'masio!	Αυτό είναι θαυμάσιο!
Sie sprechen sehr gut Deutsch.	mi'latä po'li ka'la järmani'ka.	Μιλάτε πολύ καλά γερμανικά.
Sie sehen gut aus! (m/f)	'istä o'räos/o'räa!	Είστε ωραίος/ωραία!
Ich finde Sie sehr sympathisch. (m/f)	sas 'wrisko poli äwjäni'ko/ äwjäni'ki.	Σας βρίσκω πολύ ευγενικό/ ευγενική.
Ich finde Sie sehr nett. (m/f)	sas 'wrisko poli äwjäni'ko/ äwjäni'ki.	Σας βρίσκω πολύ ευγενικό/ ευγενική.

WIE DIE EINHEIMISCHEN

Insider Tipps

›› Begrüßung

Mit einem fröhlichen «Γειά σας!» ['ja sas] liegt man gegenüber Unbekannten immer richtig, sowohl beim Kommen als auch beim Gehen, gegenüber einer Person wie auch gegenüber mehreren. Ganz unabhängig von der Tageszeit. Ist man per Du, begrüßt man sich mit «Γειά σου!» ['ja su].
«Καλημέρα!» [kali'mära] heißt zwar wörtlich „Guten Tag!", wird aber nur bis gegen Mittag verwendet, schon am Nachmittag wie auch am Abend sagt man «Καλησπέρα!» [kali'spära], was im Wortsinne „Guten Abend!" heißt. Die Zwischenzeit lässt sich mit der allgemeinen Grußformel «Χαίρετε!» ['chärätä] überbrücken.
Auch sonst wird stets heftig gegrüßt, was von «Ώρα σου καλή!» ['ora su ka'li], vielleicht am ehesten dem englischen „Have a good time!" verwandt, bis zu «Καλό καλοκαίρι!» [ka'lo kalo'käri] („Guten Sommer!") im Frühling oder «Καλό χειμώνα!» [ka'lo chi'mona] („Guten Winter!") im Spätsommer reichen kann.

›› Adieu

Καληνύχτα! [kali'nichta] heißt wörtlich „Gute Nacht!" und wird auch so verwendet, darüber hinaus kann man damit beim Gehen allseits einen schönen Abend wünschen. Ein «Αντίο!» [an'dio] schließlich, verwandt mit dem „Adieu!", ist immer dann angebracht, wenn man sich für längere Zeit verabschiedet.

angenehm	äf'charistos	ευχάριστος
ausgezeichnet	äksäräti'kos	εξαιρετικός
beeindruckend	äntiposja'kos	εντυπωσιακός
freundlich	fili'kos	φιλικός
herrlich	i'pärochos	υπέροχος
hübsch	charito'mänos	χαριτωμένος
lecker	'nostimos	νόστιμος
schön	'omorfos/o'räos	όμορφος/ωραίος

■ SMALLTALK | kuwän'dula | Κουβεντούλα

ZUR PERSON prosopi'ka sti'chia προσωπικά στοιχεία

Wie alt sind Sie/bist du?	'poson chro'non 'istä/'isä?	Πόσων χρονών είστε/είσαι;
Ich bin 24.	'imä 'ikosi tä'saron chro'non.	Είμαι είκοσι τεσσάρων χρονών.
Was machen Sie/ machst du beruflich?	ti ðul'ja 'kanätä/'kanis?	Τι δουλειά κάνετε/κάνεις;
Ich bin ...	'imä ...	Είμαι ...
Ich arbeite bei ...	är'gazomä sä ...	Εργάζομαι σε ...
Ich gehe noch zur Schule.	pi'jäno a'koma sto ßcho'lio.	Πηγαίνω ακόμα στο σχολείο.
Ich bin Student/in.	'imä fiti'tis/fi'titria.	Είμαι φοιτητής/φοιτήτρια.

HERKUNFT UND AUFENTHALT katago'ji kä ðiamo'ni καταγωγή και διαμονή

Woher kommen Sie/ kommst du?	a'po 'pu 'istä/'isä?	Από πού είστε/είσαι;
Ich komme aus Stuttgart.	'imä a'po ti stut'garði.	Είμαι από τη Στουτγάρδη.
Sind Sie/Bist du schon lange in ...?	'ächätä/'ächis kä'ro sto/ sti ...?	Έχετε/Έχεις καιρό στο/ στη ...;
Ich bin seit ... hier.	'imä ä'ðo a'po to ...	Είμαι εδώ από το ...
Wie lange bleiben Sie/ bleibst du?	'poson kä'ro θa 'minätä/ θa 'minis?	Πόσον καιρό θα μείνετε/ θα μείνεις;
Sind Sie/Bist du zum ersten Mal hier?	'istä/'isä ja 'proti fo'ra ä'ðo?	Είστε/Είσαι για πρώτη φορά εδώ;
Gefällt es Ihnen hier?	sas a'räsi ä'ðo?	Σας αρέσει εδώ;

HOBBYS ta 'chobi τα χόμπι

Haben Sie/Hast du ein Hobby?	'ächätä/'ächis ka'näna 'chombi?	Έχετε/Έχεις κανένα χόμπι;
Wofür interessieren Sie sich so?	pja 'inä ta änðia'färon'da sas?	Ποια είναι τα ενδιαφέροντά σας;
Ich interessiere mich für ...	änðia'färomä ja ...	Ενδιαφέρομαι για ...

fotografieren	fotogra'fizo	φωτογραφίζω
Freunde treffen	sinan'do 'filus	συναντώ φίλους
im Internet surfen	sär'faro sto 'intärnät	σερφάρω στο Ίντερνετ
Karten-/Brettspiele	charto'pägnia/äpitra'päzia päch'niðia	χαρτοπαίγνια/επιτραπέζια παιχνίδια
Computerspiele	iläktroni'ka päch'niðia	ηλεκτρονικά παιχνίδια
Kino/Filme	sinä'ma/tä'niäs	σινεμά/ταινίες
kochen	maji'räwo	μαγειρεύω
lesen	ðia'wazo	διαβάζω
malen	zogra'fizo	ζωγραφίζω
Musik hören	a'kuo musi'ki	ακούω μουσική
musizieren	'päzo musi'ki	παίζω μουσική
reisen	taksi'ðäwo	ταξιδεύω
Sprachen lernen	ma'ðäno 'glosäs	μαθαίνω γλώσσες

SPORT spor σπορ

 Volles Programm: Seite 86 ff.

Welchen Sport treiben Sie/ treibst du?	pjo spor 'kanätä/'kanis?	Ποιο σπορ κάνετε/κάνεις;
Ich spiele ...	'päzo ...	Παίζω …
Ich jogge/schwimme/ fahre Rad.	'kano 'dzoging/kolim'bao/ 'kano po'ðilato.	Κάνω τζόγκινγκ/Κολυμπάω/ Κάνω ποδήλατο.
Ich spiele einmal die Woche Tennis/Volleyball.	mja fo'ra ti wðo'maða 'päzo 'tänis/'woläi.	Μια φορά τη βδομάδα παίζω τένις/βόλεϊ.
Ich gehe regelmäßig ins Fitnesscenter.	pi'jäno takti'ka sto jimna'stirio.	Πηγαίνω τακτικά στο γυμναστήριο.

VERABREDUNG/ FLIRT | randä'wu/flärt | Ραντεβού/Φλέρτ

Hast du für morgen schon etwas vor?	progra'matisäs 'kati ja 'awrio?	Προγραμμάτισες κάτι για αύριο;
Wollen wir zusammen hingehen?	'ðälätä na 'pamä ma'si ä'ki?	Θέλετε να πάμε μαζί εκεί;
Wann treffen wir uns?	'potä θa sinandi'θumä?	Πότε θα συναντηθούμε;
Hast du einen Freund/eine Freundin?	'ächis 'filo/'fili?	Έχεις φίλο/φίλη;
Sind Sie verheiratet?	'istä pandrä'mänos (-ni)?	Είστε παντρεμένος m (-νη f);
Ich habe mich den ganzen Tag auf dich gefreut.	'oli tin i'mära pä'rimäna na sä ðo.	Όλη την ημέρα περίμενα να σε δω.
Du hast wunderschöne Augen!	'ächis pa'nämorfa 'matia!	Έχεις πανέμορφα μάτια!
Ich habe mich in dich verliebt.	sä 'ächo ärotäw'ti.	Σε έχω ερωτευτεί.

Ich mich auch in dich.	kä ä'go to 'idjo.	Και εγώ το ίδιο.
Ich liebe dich!	saga'po!	Σ΄αγαπώ!
Ich möchte mit dir schlafen.	'ßälo na kimi'ßo ma'si su.	Θέλω να κοιμηθώ μαζί σου.
Aber nur mit Kondom!	'mono mä profilakti'ko!	Μόνο με προφυλακτικό!
Hast du Kondome?	'ächis profilakti'ka?	Έχεις προφυλακτικά;
Wo kann ich welche kaufen?	pu bo'ro na ago'raso profilakti'ka?	Πού μπορώ να αγοράσω προφυλακτικά;
Gehen wir zu dir oder zu mir?	'pamä sä 'säna i sä 'mäna?	Πάμε σε σένα ή σε μένα;
Es tut mir leid, aber ich bin nicht in dich verliebt.	li'pamä, a'la ðän imä ärotäw'mänos/ärotäw'mäni ma'si su.	Λυπάμαι, αλλά δεν είμαι ερωτευμένος/-η μαζί σου.
Ich habe keine Lust dazu.	ðän 'ächo ka'mia ði'aθäsi.	Δεν έχω καμιά διάθεση.
Ich will nicht.	ðä 'ßälo.	Δε θέλω.
Bitte geh jetzt!	sä paraka'lo, 'fijä 'tora!	Σε παρακαλώ, φύγε τώρα!
Hör sofort auf!	sta'mata a'mäsos!	Σταμάτα αμέσως!
Hau ab!	'fijä!	Φύγε!
Lassen Sie mich bitte in Ruhe!	a'fistä mä sas paraka'lo 'isicho/-i!	Αφήστε με σας παρακαλώ ήσυχο/-η!

ZEIT

■ UHRZEIT | 'ora | Ωρα

WIE VIEL UHR IST ES? ti 'ora 'inä? Τι ώρα είναι;

 Zeitangaben: Umschlagklappe

UM WIE VIEL UHR?/WANN? ti'ora?/'potä? Τι ώρα;/Πότε;

Um 1 Uhr.	sti 'mia i 'ora.	Στη μία η ώρα.
In einer Stunde.	sä 'mia 'ora.	Σε μία ώρα.
Zwischen 3 und 4.	mäta'ksi tris kä 'täsäris.	Μεταξύ τρεις και τέσσερις.

WIE LANGE? 'poso kä'ro? Πόσο καιρό;

Zwei Stunden (lang).	(ä'pi) 'ðio 'oräs.	(Επί) δύο ώρες.
Von 10 bis 11.	a'po tis 'ðäka 'mächri tis 'änðäka.	Από τις δέκα μέχρι τις ένδεκα.
Bis 5 Uhr.	'mächri tis 'pändä i 'ora.	Μέχρι τις πέντε η ώρα.

SEIT WANN? a'po 'potä? Από πότε;

Seit 8 Uhr morgens.	a'po tis o'chto to pro'ï.	Από τις οχτώ τό πρωί.
Seit einer halben Stunde.	ä'ðo kä mi'si 'ora.	Εδώ και μισή ώρα.

> **www.marcopolo.de/griechisch**

SONSTIGE ZEITANGABEN | 'ali chroni'ki prosðioris'mi
Άλλοι χρονικοί προσδιορισμοί

morgens	to pro'i	το πρωί
vormittags	to pro'i	το πρωί
mittags	to mäsi'märi	το μεσημέρι
nachmittags	to a'pojäwma	το απόγευμα
abends	to 'wraði	το βράδυ
nachts	ti 'nichta	τη νύχτα
vorgestern	pro'chθäs	προχθές
gestern	chθäs	χθες
heute	'simära	σήμερα
morgen	'awrio	αύριο
übermorgen	mä'θawrio	μεθαύριο
diese Woche	a'fti ti wðo'maða	αυτή τη βδομάδα
am Wochenende	to sawato'kirjako	το Σαββατοκύριακο
in 14 Tagen	sä ðäka'täsäris 'märäs	σε δεκατέσσερις μέρες
nächstes Jahr	tu 'chronu	του χρόνου
manchmal	'kapu 'kapu	κάπου κάπου
alle halbe Stunde	'kaθä mi'si 'ora	κάθε μισή ώρα
stündlich	'kaθä 'ora	κάθε ώρα
täglich	'kaθä 'mära	κάθε μέρα
alle zwei Tage	'kaθä ðjo 'märäs	κάθε δύο μέρες

WIE DIE EINHEIMISCHEN

Insider Tipp

>> Wie lange sind fünf Minuten?
Die Griechen haben ein eher orientalisch geprägtes Zeitverständnis. Aus mitteleuropäischer Sicht nehmen sie es mit der Zeit nicht so genau und lassen sich ganz gern mal darin treiben – was ja auch einen Teil ihres mediterranen Charmes ausmacht. Dies sollte man bei beiläufig eingeworfenen Verabredungen und Einladungen im Hinterkopf behalten und lieber dreimal nachfragen, ob alles auch wirklich so gemeint war, als dann umsonst zu warten. Auch auf Fragen, wie man zum Beispiel an bestimmte Orte gelangt, darf man sich keine allzu präzisen Antworten erhoffen.
Hinweis: «π. μ.» nach einer Zeitangabe ist wie engl. a.m. („vor Mittag"). «μ. μ.» nach einer Zeitangabe ist wie engl. p.m. („nach Mittag").

Den Wievielten haben wir heute?	'poso tu mi'nos 'ächumä 'simära?	Πόσο του μηνός έχουμε σήμερα;
Heute ist der 1. September.	'simära 'inä 'proti säptäm'vriu.	Σήμερα είναι πρώτη Σεπτεμβρίου.

Montag	ðä'ftära	Δευτέρα
Dienstag	'triti	Τρίτη
Mittwoch	tä'tarti	Τετάρτη
Donnerstag	'pämpti	Πέμπτη
Freitag	paraskä'wi	Παρασκευή
Samstag	'sawato	Σάββατο
Sonntag	kiria'ki	Κυριακή

Januar	ianu'arios	Ιανουάριος
Februar	fäwru'arios	Φεβρουάριος
März	'martios	Μάρτιος
April	a'prilios	Απρίλιος
Mai	'majos	Μάιος
Juni	'junios	Ιούνιος
Juli	'julios	Ιούλιος
August	'awgustos	Αύγουστος
September	sä'ptämwrios	Σεπτέμβριος
Oktober	o'ktowrios	Οκτώβριος
November	no'ämwrios	Νοέμβριος
Dezember	ðä'kämwrios	Δεκέμβριος

Frühling	i 'aniksi	η άνοιξη
Sommer	to kalo'käri	το καλοκαίρι
Herbst	to fθi'noporo	το φθινόπωρο
Winter	o chi'monas	ο χειμώνας

IM GESPRÄCH

■ **FEIERTAGE** | jor'täs | Γιορτές ■

Neujahr	i protochron'ja	η Πρωτοχρονιά
Karneval	to karna'wali	το καρναβάλι
Karfreitag	i mä'gali paraskä'wi	η Μεγάλη Παρασκευή
Ostern	to 'paßcha	το Πάσχα
Heiliger Abend	i paramo'ni ton christu'jänon	η Παραμονή των Χριστουγέννων
Weihnachten	ta chri'stujäna	τα Χριστούγεννα
1. Weihnachtsfeiertag	i 'proti 'mära ton christu'jänon	η πρώτη μέρα των Χριστουγέννων
2. Weihnachtsfeiertag	i 'ðäftäri 'mära ton christu'jänon	η δεύτερη μέρα των Χριστουγέννων
Silvesterabend	i paramo'ni tis protochron'jas	η Παραμονή της Πρωτοχρονιάς

WETTER

Wie wird das Wetter heute?	ti kä'ro θa 'kani 'simära?	Τι καιρό θα κάνει σήμερα;
Es bleibt schön.	o kä'ros θa para'mini ka'los.	Ο καιρός θα παραμείνει καλός.
Es wird wärmer/kälter.	o kä'ros θa 'inä pjo sä'stos/psi'chros.	Ο καιρός θα είναι πιο ζεστός/ψυχρός.
Es soll regnen.	'ipan 'oti θa 'wräksi.	Είπαν ότι θα βρέξει.
Es ist kalt/heiß/schwül.	o kä'ros 'inä psi'chros/sä'stos/pniji'ros.	Ο καιρός είναι ψυχρός/ζεστός/πνιγηρός.
Wie viel Grad haben wir heute?	'posus waθ'mus 'ächumä 'simära?	Πόσους βαθμούς έχουμε σήμερα;
Es ist 20 Grad Celsius.	'ächumä 'ikosi waθ'mus käl'siu.	Έχουμε είκοσι βαθμούς κελσίου.

bewölkt	sinäfias'mänos	συννεφιασμένος
Gewitter	i katä'jiða	η καταιγίδα
heiß	säs'tos	ζεστός
kalt	'krios	κρύος
Regen	i wro'chi	η βροχή
Schnee	to 'chjoni	το χιόνι
Sonne	o 'ilios	ο ήλιος
Trockenheit	i ksira'sia	η ξηρασία
Überschwemmung	i pli'mira	η πλημμύρα
warm	θär'mos	θερμός
Wind	o 'anämos	ο άνεμος

> WO GEHT ES NACH...?

Wenn Sie sich verirrt oder verfahren haben oder einfach nicht mehr weiter wissen: Fragen Sie! Dieses Kapitel hilft Ihnen dabei.

WO GEHT'S LANG?

Bitte, wo ist ...?	'pu 'inä paraka'lo, ...?	Πού είναι παρακαλώ, ...;
Können Sie mir sagen, wie ich nach ... komme?	bo'ritä na mu 'pitä, 'pos na 'pao sto/sti ...?	Μπορείτε να μου πείτε, πώς να πάω στο/στη ...;
Wie weit ist es zum .../zur ...?	'poso ma'kria 'inä to ...?	Πόσο μακριά είναι το ...;
Gehen Sie ...	pi'jänätä ...	Πηγαίνετε ...
geradeaus.	äf'θia.	ευθεία.
nach links.	aristä'ra.	αριστερά.
nach rechts.	ðä'ksja.	δεξιά.

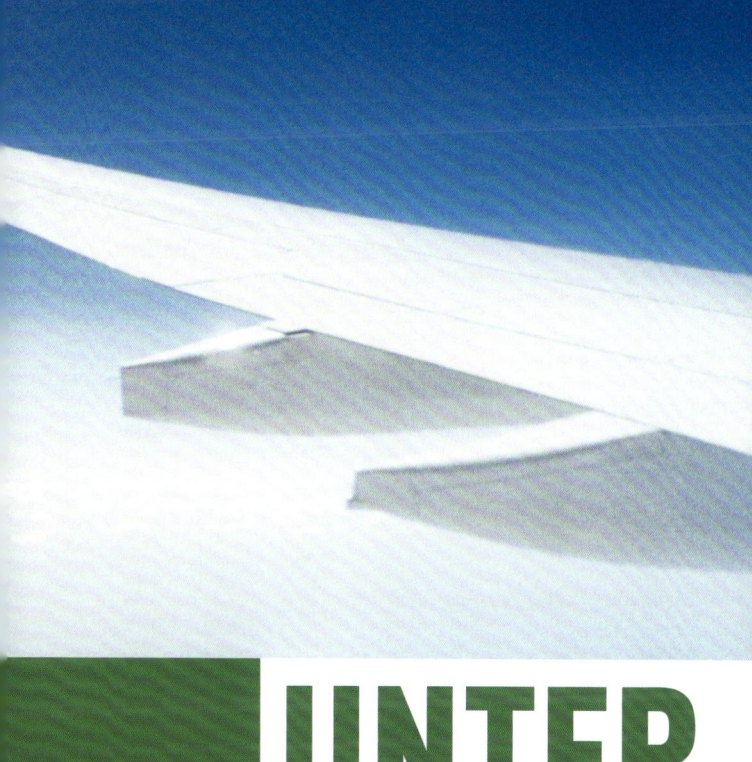

UNTER WEGS

Überqueren Sie ...	pä'rastä a'po ...	Περάστε από …
die Brücke.	ti 'jäfira.	τη γέφυρα.
den Platz.	tim bla'tia.	την πλατεία.
die Straße.	to 'ðromo.	το δρόμο.
Dann fragen Sie noch einmal.	mä'ta ro'tistä a'komi mia fo'ra.	Μετά ρωτήστε ακόμη μια φορά.
Sie können ... nehmen.	bo'ritä na 'parätä ...	Μπορείτε να πάρετε …
den Bus	to läofo'rio.	το λεωφορείο.
die U-Bahn	to i'pojio mä'tro.	το υπόγειο μετρό.

AN DER GRENZE

IHREN PASS, BITTE! to ðiawa'tiri'o sas, paraka'lo! Το διαβατήριό σας, παρακαλώ!

Ihr Pass ist abgelaufen.	to ðiawa'tiri'o sas 'äliksä.	Το διαβατήριό σας έληξε.
Haben Sie ein Visum?	'ächätä 'wisa?	Έχετε βίζα;

HABEN SIE ETWAS ZU VERZOLLEN? ächätä na ði'losätä 'tipotä? Έχετε να δηλώσετε τίποτε;

Nein, ich habe nur ein paar Geschenke.	'ochi, 'ächo 'mono märi'ka 'ðora.	Όχι, έχω μόνο μερικά δώρα.
Fahren Sie bitte rechts heran.	pä'rastä, paraka'lo, ðä'ksja.	Περάστε, παρακαλώ, δεξιά.
Öffnen Sie bitte den Kofferraum.	a'nikstä paraka'lo to port-mba'gas.	Ανοίξτε παρακαλώ το πορτ-μπαγκάζ.
Muss ich das verzollen?	'präpi na to ði'loso?	Πρέπει να το δηλώσω;

Ausfuhr	i äksago'ji	η εξαγωγή
ausreisen	ä'ksärchomä a'po ti 'chora	εξέρχομαι από τη χώρα
Einfuhr	i isago'ji	η εισαγωγή
einreisen	i'särchomä sä 'chora	εισέρχομαι σε χώρα
Familienname	to ä'ponimo	το επώνυμο
Familienstand	i ikojänia'ki ka'tastasi	η οικογενειακή κατάσταση
ledig	'agamos	άγαμος
verheiratet	pandrä'mänos /än'gamos	παντρεμένος /έγγαμος
Führerschein	i 'aðja o'ðijisis	η άδεια οδήγησης
Geburtsdatum	i imäromi'nia 'jänisis	η ημερομηνία γέννησης
Geburtsname	to 'jänos	το γένος
Geburtsort	o 'topos jä'nisis	ο τόπος γέννησης
Grenzübergang	i 'ðjawasi ton si'noron	η διάβαση των συνόρων
gültig	'ängiros	έγκυρος
Nummernschild	i pina'kiða	η πινακίδα
Passkontrolle	o 'älängchos ðiawati'rion	ο έλεγχος διαβατηρίων
Personalausweis	i ta'ftotita	η ταυτότητα
Reisepass	to ðiawa'tirio	το διαβατήριο
Staatsangehörigkeit	i iða'jänia	η ιθαγένεια
Vorname	to 'onoma	το όνομα
Wohnort	o 'topos kati'kias	ο τόπος κατοικίας
Zoll	to tälo'nio	το τελωνείο
zollfrei	aforo'lojitos	αφορολόγητος
Zollkontrolle	o tälonia'kos 'älängchos	ο τελωνειακός έλεγχος
zollpflichtig	ðasmoloji'täos	δασμολογητέος

... MIT DEM AUTO/MOTORRAD/FAHRRAD

WIE KOMME ICH NACH ...? | pjo 'ðromo na 'paro ja ...?
Ποιο δρόμο να πάρω για ...;

Wie weit ist es zum/zur ...?	'poso ma'kria 'inä to ...?	Πόσο μακριά είναι το ...;
Bitte, ist das die Straße nach ...?	sas paraka'lo 'inä a'ftos o 'ðromos ja ...?	Σας παρακαλώ, είναι αυτός ο δρόμος για ...;
Wie komme ich zur Autobahn nach ...?	pos na 'pao stin äθni'ki o'ðo ja?	Πώς να πάω στην εθνική οδό για ...;
Immer geradeaus bis ...	'olo ä'fθia 'mächri ...	Όλο ευθεία μέχρι ...
Dann links/rechts abbiegen.	mä'ta 'stripstä aristä'ra/ ðä'ksja.	Μετά στρίψτε αριστερά/ δεξιά.

VOLL TANKEN, BITTE | jä'mistä to, paraka'lo | Γεμίστε το, παρακαλώ

Wo ist bitte die nächste Tankstelle?	'pu 'inä, sas paraka'lo, to ä'pomäno pra'tirio wän'sinis?	Πού είναι, σας παρακαλώ, το επόμενο πρατήριο βενζίνης;
Ich möchte ... Liter ...	'θälo ... 'litra ...	Θέλω ... λίτρα ...
Normalbenzin.	a'pli wän'sini.	απλή βενζίνη.
Super.	'supär.	σούπερ.
Diesel.	'disäl/pä'träläo.	ντίζελ/πετρέλαιο.
bleifrei/verbleit.	a'moliwði/mä 'moliwðo.	αμόλυβδη/με μόλυβδο.
Prüfen Sie bitte ...	äksä'tastä, paraka'lo ...	Εξετάστε, παρακαλώ ...
den Ölstand.	ti 'staθmi tu lað'ju.	τη στάθμη του λαδιού.
den Reifendruck.	tim 'biäsi ton älasti'kon.	την πίεση των ελαστικών.

PARKEN | 'staθmäwsi | Στάθμευση

| Gibt es hier in der Nähe eine Parkmöglichkeit? | i'parchi ä'ðo kon'da ðina'totita 'staθmäwθis? | Υπάρχει εδώ κοντά δυνατότητα στάθμευσης; |
| Kann ich das Auto hier abstellen? | bo'ro na a'fiso to afto'kiniti 'äðo? | Μπορώ να αφήσω το αυτοκίνητο εδώ; |

PANNE | i 'wlawi | η βλάβη

Ich habe eine Panne.	'äpaθa 'wlawi.	Έπαθα βλάβη.
Würden Sie mir bitte einen Abschleppwagen schicken?	θa bo'rusatä na mu 'stilätä 'äna 'ochima ri'mulkisis?	Θα μπορούσατε να μου στείλετε ένα όχημα ρυμούλκησης;
Könnten Sie mir mit Benzin aushelfen?	θa bo'rusatä na mu 'θosätä 'liji wän'sini?	Θα μπορούσατε να μου δώσετε λίγη βενζίνη;
Könnten Sie mir beim Reifenwechsel helfen?	θa bo'rusatä na mä woi'θisätä na'laksumä to 'lasticho?	Θα μπορούσατε να με βοηθήσετε ν'αλλάξουμε το λάστιχο;
Würden Sie mich bis zur nächsten Werkstatt mitnehmen?	θa bo'rusatä na mä 'parätä ma'zi sas 'mächri to ä'pomäno sinär'jio?	Θα μπορούσατε να με πάρετε μαζί σας μέχρι το επόμενο συνεργείο;
Würden Sie mich bis zur nächsten Tankstelle mitnehmen?	θa bo'rusatä na mä 'parätä ma'si sas 'mächri to ä'pomäno pra'tirio wän'sinis?	Θα μπορούσατε να με πάρετε μαζί σας μέχρι το επόμενο πρατήριο βενζίνης;

WERKSTATT | to sinär'jio | τό συνεργείο

Mein Wagen springt nicht an.	to afto'kini'to mu θäm 'bärni bros.	Το αυτοκίνητό μου δεν παίρνει μπρος.
Können Sie mal nachsehen?	bo'ritä na ki'taksätä 'ligo?	Μπορείτε να κοιτάξετε λίγο;
Die Batterie ist leer.	i bata'ria 'inä 'aðja.	Η μπαταρία είναι άδεια.
Mit dem Motor stimmt was nicht.	mä ton kini'tira 'kati θäm'bai ka'la.	Με τον κινητήρα κάτι δεν πάει καλά.
Die Bremsen funktionieren nicht.	ta 'fräna θä litur'gun.	Τα φρένα δε λειτουργούν.
... ist/sind defekt.	... 'inä chala'smäna.	... είναι χαλασμένα.
Der Wagen verliert Öl.	to afto'kinito 'chani 'laðja.	Το αυτοκίνητο χάνει λάδια.
Was wird es kosten?	'poso θa ko'stisi?	Πόσο θα κοστίσει;

UNFALL | a'tichima | Ατύχημα

Rufen Sie bitte schnell ...	ka'lästä, paraka'lo, 'grigora ...	Καλέστε, παρακαλώ, γρήγορα ...
einen Krankenwagen.	'äna asθäno'foro.	ένα ασθενοφόρο.
die Polizei.	tin astino'mia.	την αστυνομία.
die Feuerwehr.	tim biroswästi'ki.	την πυροσβεστική.
Sind Sie verletzt? (m/f)	'istä trawmatis'mänos/ -'mäni?	Είστε τραυματισμένος/ -μένη;

> *www.marcopolo.de/griechisch*

Haben Sie Verbandszeug?	'ächätä ili'ko 'proton woi'θjon?	Έχετε υλικό πρώτων βοηθειών;
Es war meine/Ihre Schuld.	ði'ko mu/sas 'itan to 'ftäksimo.	Δικό μου/σας ήταν το φταίξιμο.
Sollen wir die Polizei holen, oder können wir uns so einigen?	na ka'läsumä tin astino'mia i na to kano'nisumä 'moni mas?	Να καλέσουμε την αστυνομία ή να το κανονίσουμε μόνοι μας;
Geben Sie mir bitte Ihren Namen und Ihre Anschrift.	'ðostä mu paraka'lo to 'onoma kä ti ði'äfθin'si sas.	Δώστε μου παρακαλώ το όνομα και τη διεύθυνσή σας.
Vielen Dank für Ihre Hilfe.	äfchari'sto po'li ja ti wo'i'θja sas.	Ευχαριστώ πολύ για τη βοήθειά σας.
abschleppen	rimul'ko	ρυμουλκώ
Abschleppseil	to sirma'toskino ri'mulkisis	το συρματόσκοινο ρυμούλκησης
Abschleppwagen	to rimul'ko	το ρυμουλκό
Ampel	to fa'nari	το φανάρι
Anlasser	i 'misa	η μίζα
Autobahn	i äθni'ki o'ðos	η εθνική οδός
Automatik	af'tomato ki'wotjo tachi'titon	αυτόματο κιβώτιο ταχυτήτων
Baustelle	to ärgo'taksio	το εργοτάξιο
Benzin	i wän'sini	η βενζίνη
Benzinkanister	to bä'toni	το μπετόνι
Bremsbelag	to 'älasma	το έλασμα
Bußgeld	to 'prostimo	το πρόστιμο
Erdgas-/Elektrotankstelle	pra'tirjo fisi'ku aä'riu/ iläktri'kis ä'närjas	πρατήριο φυσικού αερίου/ ηλεκτρικής ενέργειας
Fahrrad	to po'ðilato	το ποδήλατο

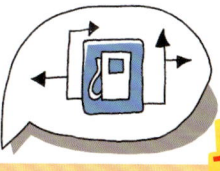

WIE DIE EINHEIMISCHEN

Insider Tipp

▶▶ Hilfe garantiert

Die Ausstattung mit Tankstellen «πρατήριο βενζίνης» [pra'tirio wän'sinis], Autowerkstätten «συνεργείο» [sinär'jio] und auch Telefonzellen ist flächendeckend. Wenn Sie über kein Mobiltelefon verfügen, ist der Erwerb einer Telefonkarte «τηλεκάρτα» [tilä'karta] an einem Zeitungskiosk «περίπτερο» [pä'riptero] empfehlenswert, um im Notfall den Abschleppdienst zu rufen.

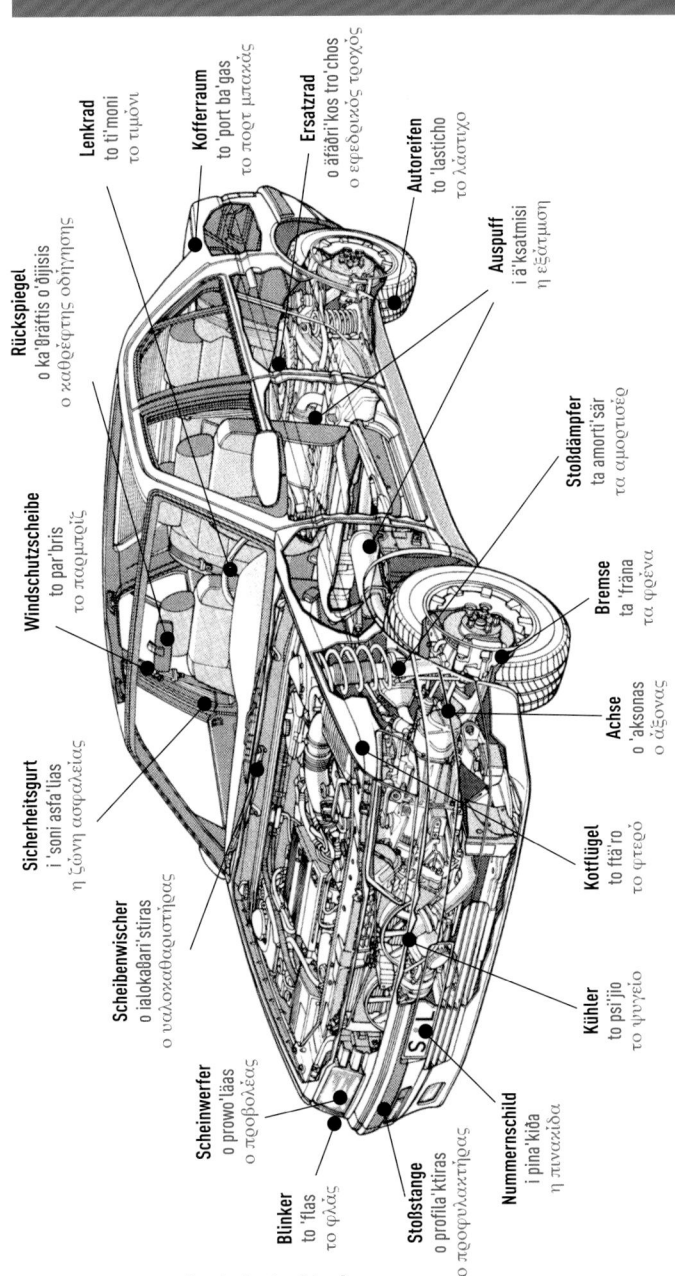

Lenkrad
to ti'moni
το τιμόνι

Kofferraum
to 'port ba'gas
το πορτ μπαγκάζ

Ersatzrad
o afaði'ri'kos tro'chos
ο εφεδρικός τροχός

Autoreifen
to 'lasticho
το λάστιχο

Rückspiegel
o ka'θreftis o 'ðijisis
ο καθρέφτης οδήγησης

Auspuff
i a''ksatmisi
η εξάτμιση

Stoßdämpfer
ta amorti'sär
τα αμορτισέρ

Windschutzscheibe
to par'bris
το παρμπρίζ

Bremse
ta 'fräna
τα φρένα

Achse
o 'aksonas
ο άξονας

Sicherheitsgurt
i 'soni asfa'lias
η ζώνη ασφαλείας

Scheibenwischer
o ialokaθari'stiras
ο υαλοκαθαριστήρας

Kotflügel
to fta'ro
το φτερό

Scheinwerfer
o prow''läas
ο προβολέας

Kühler
to psi'jio
το ψυγείο

Blinker
to 'flas
το φλας

Nummernschild
i pina'kiða
η πινακίδα

Stoßstange
o profila'ktiras
ο προφυλακτήρας

> *www.marcopolo.de/griechisch*

Fahrspur	i lo'riða po'rias	η λωρίδα πορείας
Fehlzündung	i 'proori a'nafläksi	η πρόωρη ανάφλεξη
Felge	i 'sanda	η ζάντα
Fernlicht	ta mä'gala 'fota po'rias	τα μεγάλα φώτα πορείας
Flickzeug	ili'ka ja 'baloma sa'mbrälas	υλικά για μπάλωμα σαμπρέλας
Führerschein	i 'aðja o'ðijisis	η άδεια οδήγησης
Fußbremse	to po'ðofräno	το ποδόφρενο
Gang	i ta'chitita	η ταχύτητα
Gangschaltung	to ki'wotio tachi'titon	το κιβώτιο ταχυτήτων
Gaspedal	to pi'ðaljo ga'sju	το πηδάλιο γκαζιού
gebrochen	spa'smänos	σπασμένος
Getriebe	to ki'wotio tachi'titon	το κιβώτιο ταχυτήτων
Handbremse	to chi'rofräno	το χειρόφρενο
Helm	to prostatäfti'ko 'kranos	το προστατευτικό κράνος
Hupe	i 'korna	η κόρνα
Keilriemen	o i'mandas	ο ιμάντας
Klingel	to ku'ðuni	το κουδούνι
Kreuzung	i ðja'stawrosi	η διασταύρωση
Kühlwasser	to nä'ro tu psi'jiu	το νερό του ψυγείου
Kupplung	o sim'bläktis	ο συμπλέκτης
Kurve	i stro'fi	η στροφή
Lichtmaschine	to ðina'mo	το δυναμό
Motor	o kini'tiras	ο κινητήρας
Motorrad	to micha'naki	το μηχανάκι
Motorroller	i 'wäspa	η βέσπα
Notrufsäule	ti'läfono 'äktaktis a'nangis	τηλέφωνο έκτακτης ανάγκης
Oktanzahl	o ariθ'mos okta'nion	ο αριθμός οκτανίων
Öl/Ölwechsel	to 'laði/i ala'ji la'ðjon	το λάδι/η άλλαγή λαδιών
Panne/Pannendienst	i 'wlawi/i oði'ki wo'iθja	η βλάβη/η οδική βοήθεια
Papiere	ta chartja aftoki'nitu	τα χαρτιά αυτοκινήτου
Parkplatz	to 'parking	το πάρκινγκ
Promille	to poso'sto ä'pi tis chi'liis	το ποσοστό επί τοις χιλίοις
Radarkontrolle	'älangchos mä ra'dar	έλεγχος με ραντάρ
Radkreuz	to staw'rokliðo	το σταυρόκλειδο
Raststätte	'stasi	στάση
Reifenpanne	'wlawi 'lastichou	βλάβη λάστιχου
Schiebedach	i si'romäni oro'fi	η συρόμενη οροφή
Schutzblech	to ftä'ro	το φτερό
Standlicht	ta 'fota 'stasis	τα φώτα στάσης
Starthilfekabel	to woiθiti'ko ka'loðjo	το βοηθητικό καλώδιο
Straße	i o'ðos	η οδός
Straßenkarte	o oði'kos 'chartis	ο οδικός χάρτης
Tachometer	to ta'chimätro	το ταχύμετρο

Tankstelle	to pra'tirio wän'sinis	το πρατήριο βενζίνης
Umleitung	pa'rakampsi	παράκαμψη
Ventil	i wal'wiða	η βαλβίδα
Versicherungskarte, grüne	i 'prasini 'karta a'sfaljas aftoki'nitu	η πράσινη κάρτα ασφάλειας αυτοκινήτου
Vollkasko	mi'kti a'sfalja	μικτή ασφάλεια
Wagenheber	o 'grilos	ο γρύλος
Warnblinker	ta a'larm	τα αλάρμ
Warndreieck	to proiðopiiti'ko 'trigono	το προειδοποιητικό τρίγωνο
Wegweiser	o oðo'ðiktis	ο οδοδείκτης
Werkstatt	to sinär'jio	τό συνεργείο
Werkzeug	ta ärga'lia	τα εργαλεία
Zündkerze	to bu'si	το μπουζί
Zündschloss	o ðia'koptis a'nafläksis	ο διακόπτης ανάφλεξης
Zündschlüssel	to kli'ði a'nafläksis	το κλειδί ανάφλεξης
Zündung	i a'nafleksi	η ανάφλεξη

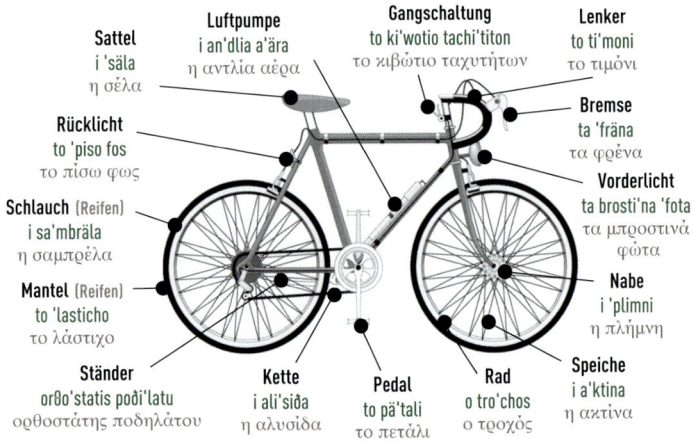

Sattel
i 'säla
η σέλα

Luftpumpe
i an'dlia a'ära
η αντλία αέρα

Gangschaltung
to ki'wotio tachi'titon
το κιβώτιο ταχυτήτων

Lenker
to ti'moni
το τιμόνι

Rücklicht
to 'piso fos
το πίσω φως

Bremse
ta 'fräna
τα φρένα

Vorderlicht
ta brosti'na 'fota
τα μπροστινά φώτα

Schlauch (Reifen)
i sa'mbräla
η σαμπρέλα

Mantel (Reifen)
to 'lasticho
το λάστιχο

Nabe
i 'plimni
η πλήμνη

Ständer
orθo'statis poði'latu
ορθοστάτης ποδηλάτου

Kette
i ali'siða
η αλυσίδα

Pedal
to pä'tali
το πετάλι

Rad
o tro'chos
ο τροχός

Speiche
i a'ktina
η ακτίνα

Ich möchte für ... Tage/eine Woche ... mieten.	'θälo na ni'kjaso ja ... 'märäs/mja äwðo'maða ...	Θέλω να νοικιάσω για ... μέρες/μια εβδομάδα ...

einen (Gelände-)Wagen	'äna afto'kinito (dsip).	ένα αυτοκίνητο (τζιπ).
ein Moped	mja motosi'kläta.	μια μοτοσικλέτα.
ein Mofa	'äna motopo'ðilato.	ένα μοτοποδήλατο.
ein Motorrad	'äna micha'naki.	ένα μηχανάκι.
einen Roller	mja 'wespa.	μια βέσπα.
ein Fahrrad	'äna po'ðilato.	ένα ποδήλατο.
Wie hoch ist die Tages-/Wochenpauschale?	'posa 'inä ta sinoli'ka 'äksoða ja mja 'mära/äwðo'maða?	Πόσα είναι τα συνολικά έξοδα για μια μέρα/εβδομάδα;
Wie viel verlangen Sie pro gefahrenen km?	'posa ko'stisi to chi'ljomätro?	Πόσο κοστίζει το χιλιόμετρο;
Ist das Fahrzeug vollkasko-versichert?	'ächi to 'ochima mi'kti as'falja?	Έχει το όχημα μικτή ασφάλεια;
Ist es möglich, das Fahrzeug in ... abzugeben?	bo'ro na para'ðoso to afto'kinito sto/stin ...?	Μπορώ να παραδώσω το αυτοκίνητο στο/στην …;

... MIT DEM FLUGZEUG

■ ABFLUG | ana'chorisi | Αναχώρηση

Wo ist der Schalter der ...-Fluggesellschaft?	'pu 'inä i ϑi'riða tis aäropori'kis ätä'rias ...?	Πού είναι η θυρίδα της αεροπορικής εταιρείας …;
Wann fliegt die nächste Maschine nach ...?	'potä pä'tai to ä'pomäno aäro'plano ja ...?	Πότε πετάει το επόμενο αεροπλάνο για …;
Ich möchte einen Hin- und Rückflug nach ... buchen.	'ϑälo na 'kliso mja 'ptisi mä äpistro'fi ja ...	Θέλω να κλείσω μια πτήση με επιστροφή για …
Sind noch Plätze frei?	i'parchun a'komi ä'läfϑäräs 'ϑäsis?	Υπάρχουν ακόμη ελεύθερες θέσεις;
Ich möchte diesen Flug stornieren/umbuchen.	'ϑälo na aki'roso/na a'lakso af'ti tim 'ptisi.	Θέλω να ακυρώσω/να αλλάξω αυτή την πτήση.
Wann muss ich am Flughafen sein?	'potä 'präpi na 'imä sto aäro'ðromjo?	Πότε πρέπει να είμαι στο αεροδρόμιο;
Gibt es für den Flug einen Vorabend-/Telefon-/Internet-Checkin?	i'parchi ja tim'btisi tsäk'in tim baramo'ni/mä ti'läfono/mä 'indärnät?	Υπάρχει για την πτήση τσεκ ιν την παραμονή/με τηλέφωνο/με ίντερνετ;
Kann ich das als Handgepäck mitnehmen?	bo'ro na 'paro a'fto ma'si mu os chiraposkä'wi?	Μπορώ να πάρω αυτό μαζί μου ως χειραποσκευή;

Hat die Maschine nach ... Verspätung?	'ächi to aäro'plano ja ... kaθi'stärisi?	Έχει το αεροπλάνο για … καθυστέρηση;

■ ANKUNFT | 'afiksi | Άφιξη

Mein Gepäck ist verloren gegangen.	i aposkä'wäs mu 'chaθikan.	Οι αποσκευές μου χάθηκαν.
Mein Koffer ist beschädigt worden.	i wa'litsa mu 'äpaθä 'wlawi.	Η βαλίτσα μου έπαθε βλάβη.
Ankunftszeit	i 'ora 'afiksis	η ώρα άφιξης
Anschluss	i anda'pokrisi	η ανταπόκριση
Anschnallgurt	i 'soni asfa'lias	η ζώνη ασφαλείας
an Bord	sto aäro'plano	στο αεροπλάνο
Bordkarte	i 'karta äpi'wiwasis	η κάρτα επιβίβασης
Buchung	i 'kratisi 'θäsäos	η κράτηση θέσεως
Direktflug	i apäf'θijas 'ptisi	η απ΄ευθείας πτήση
einchecken	pa'raδosi aposkä'won	παράδοση αποσκευών
Fenstersitz	'θäsi sto pa'raθiro	θέση στο παράθυρο
Flug	i 'ptisi	η πτήση
Fluggesellschaft	i aäropori'ki ätä'ria	η αεροπορική εταιρεία
Flughafenbus	to läofo'rio aäroδro'miu	το λεωφορείο αεροδρομίου
Flughafengebühr	ta 'täli aäroδro'miu	τα τέλη αεροδρομίου
Flugplan	to δromo'lojio 'ptisäon	το δρομολόγιο πτήσεων
Flugstrecke	i gra'mi 'ptisis	η γραμμή πτήσης
Flugzeug	to aäro'plano	το αεροπλάνο
Gepäck	i aposkä'wäs	οι αποσκευές
Handgepäck	i chiraposkä'wi	η χειραποσκευή
Kapitän	o kiwär'nitis	ο κυβερνήτης
Landung	i pros'jiosi	η προσγείωση
Notausgang	i 'äksoδos kin'δinu	η έξοδος κινδύνου
Notlandung	i anangasti'ki pros'jiosi	η αναγκαστική προσγείωση
Notrutsche	tsu'liδra 'äktaktis a'nangis	τσουλήθρα έκτακτης ανάγκης
Pilot/in	o/i pi'lotos	ο/η πιλότος
planmäßiger Abflug	i ana'chorisi 'wasi δromolo'jiu	η αναχώρηση βάσει δρομολογίου
Schalter	i θi'riδa	η θυρίδα
Schwimmweste	to so'siwio	το σωσίβιο
Sicherheitskontrolle	'älängchos a'sfaljas	έλεγχος ασφάλειας
Steward/ess	o/i aärosino'δos	ο/η αεροσυνοδός
stornieren	aki'rono	ακυρώνω
umbuchen	a'laso 'ptisi	αλλάζω πτήση

> *www.marcopolo.de/griechisch*

UNTERWEGS

Verspätung	i kaθi'stärisi	η καθυστέρηση
zollfreier Laden	to ka'tastima	το κατάστημα
	aforo'lojiton i'ðon	αφορολόγητων ειδών
Zwischenlandung	o änði'amäsos staθ'mos	ο ενδιάμεσος σταθμός

... MIT DEM ZUG

AM BAHNHOF | sto siðiroðromi'ko staθ'mo
Στο (σιδηροδρομικό) σταθμό

Wann fährt der nächste Zug nach ...?	'potä 'fäwji to ä'pomäno 'träno ja ...?	Πότε φεύγει το επόμενο τραίνο για …;
Eine einfache Fahrt 2. Klasse/ 1. Klasse nach ..., bitte.	'äna a'plo isi'tirio ðä'ftäras/ 'protis 'θässis ja ... paraka'lo.	Ένα απλό εισιτήριο δευτέρας/ πρώτης θέσης γιά … παρακαλώ.
Zweimal ... hin und zurück, bitte.	'ðio isi'tiria ... mä äpistro'fi paraka'lo.	Δύο εισιτήρια … με επιστροφή παρακαλώ.
Gibt es eine Ermäßigung für ... Kinder? Studenten?	i'parchi 'äkptosi ja ... pä'ðja? fiti'täs?	Υπάρχει έκπτωση για … παιδιά; φοιτητές;
Hat der Zug aus ... Verspätung?	'ächi to 'träno a'po ... kaθi'stärisi?	Έχει το τρένο από … καθυστέρηση;
Habe ich in ... Anschluss nach .../an die Fähre?	'ächo anda'pokrisi sto ... ja .../ja to färi'bot?	Έχω ανταπόκριση στο … για …/για το φεριμπότ;
(Wo) Muss ich umsteigen?	('pu) 'präpi na'lakso 'träno?	(Πού) Πρέπει να αλλάξω τρένο;
Von welchem Gleis fährt der Zug nach ... ab?	a'po pja gra'mi ksäki'nai to 'träno ja ...?	Από ποια γραμμή ξεκινάει το τρένο για …;
Kann ich ein Fahrrad mitnehmen?	bo'ro na 'paro 'äna po'ðilato ma'zi mu?	Μπορώ να πάρω ένα ποδήλατο μαζί μου;

IM ZUG | sto 'träno | Στο τρένο

Verzeihung, ist dieser Platz noch frei?	si'gnomi, 'inä i 'θäsi af'ti ä'läfθäri?	Συγνώμη, είναι η θέση αυτή ελεύθερη;
Hält dieser Zug in ...?	'kani 'stasi to 'träno a'fto stin ...?	Κάνει στάση το τρένο αυτό στην …;
Abfahrt	ana'chorisi	Αναχώρηση
Abfahrtszeit	i 'ora ana'chorisis	η ώρα αναχώρησης
Abteil	to ku'pä	το κουπέ

ankommen	'ftano	φτάνω
Anschlusszug	to 'träno anda'pokrisis	το τρένο ανταπόκρισης
Aufenthalt	i ðiamo'ni, i 'stasi	η διαμονή, η στάση
aussteigen	katä'wäno	κατεβαίνω
Autoreisezug	'träno sinoðäwo'mänon	τρένο συνοδευομένων
	aftoki'niton	αυτοκινήτων
Bahnhof	o staθ'mos	ο σταθμός
besetzt	katili'mänos	κατειλημμένος
einsteigen	anä'wäno	ανεβαίνω
Ermäßigung	i 'äkptosi	η έκπτωση
Fahrkarte	to isi'tirjo	το εισιτήριο
Fahrkartenschalter	i θi'riða isiti'rion	η θυρίδα εισιτηρίων
Fahrplan	to ðromo'lojio	το δρομολόγιο
	siðiro'ðromu	σιδηροδρόμου
Fahrpreis	i ti'mi isiti'riu	η τιμή εισιτηρίου
Fensterplatz	'θäsi sto pa'raθiro	θέση στο παράθυρο
frei	ä'läfθäros	ελεύθερος
Gepäck	i aposkä'wäs	οι αποσκευές
Gepäckablage	'θäsi aposkä'won sto ku'pä	θέση αποσκευών στο κουπέ
Gepäckaufbewahrung	i 'filaksi aposkä'won	η φύλαξη αποσκευών
Gepäckschein	to ðäl'tio aposkä'won	το δελτίο αποσκευών
Gleis	i gra'mi	η γραμμή
Hauptbahnhof	o kändri'kos siðiroðromi'kos	ο κεντρικός σιδηροδρομικός
	staθ'mos	σταθμός
Kinderfahrkarte	to pädi'ko isi'tirio	το παιδικό εισιτήριο
Nichtraucherabteil	ku'pä mi kapni'ston	κουπέ μη καπνιστών
Notbremse	'sima kin'ðinu	σήμα κινδύνου
Platzkarte	i 'karta 'θäsäos	η κάρτα θέσεως
Raucherabteil	ku'pä kapni'ston	κουπέ καπνιστών
Reservierung	'klisimo 'θäsis	κλείσιμο θέσης
Rückfahrkarte	to isi'tirio mä äpistro'fi	το εισιτήριο μέ επιστροφή
Schlafwagen	i kli'namaksa	η κλινάμαξα
Schließfach	θi'riða 'filaksis aposkä'won	η θυρίδα φύλαξης
		αποσκευών
Sitzplatzreservierung	i 'kratisi 'θäsäon	η κράτηση θέσεων
Speisewagen	wa'goni ästiato'riu	βαγόνι εστιατορίου
Stromanschluss	i 'sinðäsi 'räwmatos	η σύνδεση ρεύματος
Toilette	i tua'läta	η τουαλέτα
Wartehalle	i 'äθusa anamo'nis	η αίθουσα αναμονής
Zug	to 'träno	το τρένο
Zuschlag	to si'mbliroma	το συμπλήρωμα

... MIT DEM SCHIFF

■ IM HAFEN | sto li'mani | Στο λημάνι

Wo/Wann fährt ...	'pu/'potä anacho'ri ...	Πού/Πότε αναχωρεί ...
das nächste Schiff	to ä'pomäno 'plio	το επόμενο πλοίο
die nächste Fähre	to ä'pomäno färibot	το επόμενο φεριμπότ
nach ... ab?	ja ...?	γιά ...;
Wie lange dauert die Über-	'posi 'ora 'inä i ðiaðro'mi?	Πόση ώρα είναι η
fahrt?		διαδρομή;
Ich möchte eine Schiffskarte	'θälo 'äna isi'tirio 'pliu	Θέλω ένα εισιτήριο πλοίου
nach ...	ja ...	για ...
Ich möchte eine Karte für die	'θälo 'äna isi'tirio ja to	Θέλω ένα εισιτήριο για το
Rundfahrt um ... Uhr.	'jiro stis ... i 'ora.	γύρο στις ... η ώρα.
Wann legen wir in ... an?	'potä 'ftanomä sto ...?	Πότε φτάνουμε στο ...;

■ AN BORD | sto ka'tastroma | Στο κατάστρωμα

Wo ist der Speisesaal/der	'pu 'inä to ästia'torio/	Πού είναι το εστιατόριο/
Aufenthaltsraum?	to sa'loni?	το σαλόνι;
Ich fühle mich nicht wohl.	ðän ä'sθanomä ka'la.	Δεν αισθάνομαι καλά.
Geben Sie mir bitte ein Mittel	'ðostä mu, sas paraka'lo,	Δώστε μου, σας παρακαλώ,
gegen Seekrankheit.	'äna 'chapi ja na'ftia.	ένα χάπι για ναυτία.

Anlegeplatz	i apo'waθra	η αποβάθρα
an Bord	sto ka'tastroma	στό κατάστρωμα
Buchung	i 'kratisi 'θäsis	η κράτηση θέσης
Dampfer	to wa'pori	το βαπόρι
Deck	to ka'tastroma	το κατάστρωμα
Fähre	to färibot	το φεριμπότ
Fahrkarte	to isi'tirjo	το εισιτήριο
Festland	i stär'ja, i ksi'ra	η στεριά, η ξηρά
Hafen	to li'mani	το λιμάνι
Kabine	i ka'bina	η καμπίνα
Kajüte	i ka'bina	η καμπίνα
Kapitän	o kapä'tanios	ο καπετάνιος
Küste	i a'kti	η ακτή
Landausflug	i äkðro'mi stin ksi'ra	η εκδρομή στην ξηρά
Landesteg	i apo'waθra 'pliu	η αποβάθρα πλοίου
Motorboot	i 'wänsi'nakatos	η βενζινάκατος
Passagier	o äpi'watis	ο επιβάτης
Rettungsboot	i so'siwios 'lämwos	η σωσίβιος λέμβος

Rettungsring	to so'siwio	το σωσίβιο
Ruderboot	i 'warka mä ku'pja	η βάρκα με κουπιά
Schwimmweste	to so'siwio	το σωσίβιο
Seegang	i θalasotara'chi	η θαλασσοταραχή
seekrank sein	'ächo na'ftia	έχω ναυτία
Steward	o kama'rotos /o θalami'polos	ο καμαρότος/ο θαλαμηπόλος
Welle	to 'kima	το κύμα

NAHVERKEHR

■ **BUS/U-BAHN** | to läofo'rio/to mä'tro | το λεωφορείο/το μετρό

Bitte, wo ist die nächste ...	'pu 'inä i ä'pomäni ...	Πού είναι η επόμενη …
Bushaltestelle?	'stasi läofo'riu?	στάση λεωφορείου;
U-Bahnstation?	'stasi tu mä'tro?	στάση του μετρό;
Welche Linie fährt nach ...?	'pja gra'mi pi'jäni pros ...?	Ποια γραμμή πηγαίνει προς …;
Wann/Wo fährt der Bus ab?	'potä/a'po 'pu anacho'ri to läofo'rio?	Πότε/Από πού αναχωρεί το λεωφορείο;
Wo muss ich umsteigen?	'pu 'präpi na'lakso 'ochima?	Πού πρέπει ν΄αλλάξω όχημα;
Könnten Sie mir bitte Bescheid geben, wann ich aussteigen muss?	θa bo'rusatä na mu 'pitä 'potä 'präpi na katä'wo?	Θα μπορούσατε να μου πείτε πότε πρέπει να κατεβώ;
Wo kann ich den Fahrschein kaufen?	'pu bo'ro nago'raso isi'tirio?	Πού μπορώ ν΄αγοράσω εισιτήριο;
Bitte, einen Fahrschein nach ...	paraka'lo, 'äna isi'tirio ja ...	Παρακαλώ, ένα εισιτήριο για …
Kann ich ein Fahrrad mitnehmen?	bo'ro na 'paro 'äna po'ðilato ma'zi mu?	Μπορώ να πάρω ένα ποδήλατο μαζί μου;

Abfahrt	i ana'chorisi	η αναχώρηση
aussteigen	katä'wäno	κατεβαίνω
Bus	to läofo'rio	το λεωφορείο
einsteigen	anä'wäno	ανεβαίνω
Endstation	to 'tärma	το τέρμα
Fahrer	o oði'gos	ο οδηγός
Fahrkartenautomat	mi'chanima isiti'rion	μηχάνημα εισιτηρίων
Fahrplan	to ðromo'lojio	το δρομολόγιο
Fahrpreis	i ti'mi mätafo'ras	η τιμή μεταφοράς
Fahrschein	to isi'tirio	το εισιτήριο
Haltestelle	i 'stasi	η στάση
Knopf drücken	pa'tistä to ku'mbi	Πατήστε το κουμπί

UNTERWEGS

Kontrolleur	o äläng'tis	ο ελεγκτής
lösen (Fahrschein)	'kowo isi'tirjo	κόβω εισιτήριο
Schaffner	o äläng'tis	ο ελεγκτής
Straße	o 'ðromos	ο δρόμος
Straßenbahn	to tram	το τραμ
Tageskarte	i imä'risia 'karta	η ημερήσια κάρτα
U-Bahn	to mä'tro	το μετρό
Wochenkarte	i ävðoma'ðjäa 'karta	η εβδομαδιαία κάρτα

■ TAXI | ta'ksi/ago'räo | Ταξί/Αγοραίο

Könnten Sie mir bitte ein Taxi rufen?	θa bo'rusatä na mu ka'läsätä 'äna ta'ksi paraka'lo?	Θα μπορούσατε να μου καλέσετε ένα ταξί, παρακαλώ;
Wo ist der nächste Taxistand?	'pu 'inä i ä'pomäni 'stasi ta'ksi?	Πού είναι η επόμενη στάση ταξί;
Zum Bahnhof.	sto staθ'mo.	Στο σταθμό.
Zum ...-Hotel.	sto ksänoðo'chio ...	Στο ξενοδοχείο …
In die ...-Straße.	stin o'ðo ...	Στην οδό …
Nach ..., bitte.	sto/stin ... paraka'lo.	Στο/Στην … παρακαλώ.
Wie viel kostet es nach ...?	'poso 'kani 'mächri ...?	Πόσο κάνει μέχρι …;
Das ist zu viel.	'inä 'para po'li.	Είναι πάρα πολύ.
Halten Sie bitte hier.	stama'tistä ä'ðo, paraka'lo.	Σταματείστε εδώ, παρακαλώ.
Das ist für Sie.	a'fta 'inä ja sas.	Αυτά είναι για σας.
Die Quittung, bitte.	tin a'poðiksi paraka'lo.	Την απόδειξη, παρακαλώ.
Fahrpreis	i ti'mi isiti'riu	η τιμή εισιτηρίου
Taxifahrer	o taksi'ðsis	ο ταξιτζής
Taxistand	i 'stasi ta'ksi	η στάση ταξί
Trinkgeld	to filo'ðorima	το φιλοδώρημα

MITFAHREN

Fahren Sie nach ...?	'patä pros ...?	Πάτε προς …;
Könnte ich ein Stück mitfahren?	bo'ro na 'pao 'ligo ma'si sas?	Μπορώ να πάω λίγο μαζί σας;
Ich würde gerne hier aussteigen.	θa 'iθäla na katä'wo ä'ðo.	Θα ήθελα να κατεβώ εδώ.
Vielen Dank fürs Mitnehmen.	äfchari'sto pu mä 'pirate ma'si sas.	Ευχαριστώ που με πήρατε μαζί σας.

> # KULINARISCHE ABENTEUER

Mit Spaß bestellen und mit Genuss essen – denn für Sie ist die Speisekarte in Landessprache kein Buch mit sieben Siegeln.

◼ ESSEN GEHEN | ˈpamä ja fajiˈto | Πάμε για φαγητό

Wo gibt es hier …	ˈpu iparchi äˈðo …	Πού υπάρχει εδώ …
ein gutes Restaurant?	ˈäna kaˈlo ästiaˈtorio?	ένα καλό εστιατόριο;
ein typisches Restaurant?	ˈäna paraðosiaˈko ästiaˈtorio?	ένα παραδοσιακό εστιατόριο;
Ich möchte für heute Abend einen Tisch für 4 Personen reservieren.	θa ˈiðäla na ˈkliso ja aˈpopsä ˈäna traˈpäzi ja ˈtäsära ˈatoma.	Θα ήθελα να κλείσω για απόψε ένα τραπέζι για τέσσερα άτομα.
Ist dieser Platz noch frei?	ˈinä afˈti i ˈθäsi äˈläfθäri?	Είναι αυτή η θέση ελεύθερη;

ESSEN UND TRINKEN

Einen Tisch für zwei/drei Personen, bitte.	'äna tra'päzi ja 'ðio/'tria 'atoma paraka'lo.	Ένα τραπέζι για δύο/τρία άτομα, παρακαλώ.
Wo sind bitte die Toiletten?	pu 'inä paraka'lo i tua'lätäs?	Πού είναι παρακαλώ οι τουαλέτες;
Guten Appetit!	ka'li 'oräksi!	Καλή όρεξη!
Zum Wohl!	stin i'ja sas!	Στην υγειά σας!
Das Essen ist/war ausgezeichnet!	to faji'to 'inä/'itan po'li o'räo.	Το φαγητό είναι/ήταν πολύ ωραίο.
Ich bin satt, danke.	'chortasa äfchari'sto.	Χόρτασα, ευχαριστώ.
Stört es Sie, wenn ich rauche?	sas änoch'li 'otan kap'niso?	Σας ενοχλεί όταν καπνίζω;

■ BESTELLUNG | parangä'lia | Παραγγελία

Bitte ...	paraka'lo ...	Παρακαλώ …
die Speisekarte!	ton ka'talogo faji'ton!	τον κατάλογο φαγητών!
die Getränkekarte!	ton ka'talogo po'ton!	τον κατάλογο ποτών!
die Weinkarte!	ton ka'talogo kra'sjon!	τον κατάλογο κρασιών!
Was können Sie mir empfehlen?	ti bo'ritä na mu si'stisätä?	Τι μπορείτε να μου συστήσετε;
Ich bin Vegetarier/in.	'imä chorto'fagos.	Είμαι χορτοφάγος.
Ich nehme ...	θa 'paro ...	Θα πάρω …
als Vorspeise ...	ja oräkti'ko ...	για ορεκτικό …
als Hauptgericht ...	ja 'kirio 'pjato ...	για κύριο πιάτο …
als Nachspeise ...	ja äpi'ðorpio ...	για επιδόρπιο …
Was wollen Sie trinken?	ti θa 'pchitä?	Τι θα πιείτε;
Bitte ein Glas ...	paraka'lo, 'äna po'tiri ...	Παρακαλώ, ένα ποτήρι …
Bitte eine Flasche ...	paraka'lo, 'äna bu'kali ...	Παρακαλώ, ένα μπουκάλι …
Bitte bringen Sie uns ...	'färtä mas paraka'lo ...	Φέρτε μας παρακαλώ …

■ REKLAMATION | pa'rapona | Παράπονα

Das Essen ist kalt.	to faji'to 'inä 'krio.	Το φαγητό είναι κρύο.
Das Fleisch ist nicht durch.	to 'kräas ðän 'inä kalopsi'mäno.	Το κρέας δεν είναι καλοψημένο.
Haben Sie mein/e ... vergessen?	ksä'chasatä to(n)/ti(n) ... mu?	Ξεχάσατε το(ν)/τη(ν) … μου;
Das habe ich nicht bestellt.	a'fto ðän do pa'ringila.	Αυτό δεν το παρήγγειλα.
Holen Sie bitte den Chef.	paraka'lo ka'lästä to afändi'ko.	Παρακαλώ, καλέστε το αφεντικό.

■ BEZAHLEN | i pliro'mi | Η πληρωμή

Bezahlen, bitte	paraka'lo, na pli'roso	Παρακαλώ, να πληρώσω
Bitte alles zusammen.	'ola ma'si, paraka'lo.	Όλα μαζί, παρακαλώ.
Könnte ich bitte eine Quittung bekommen?	θa bo'rusa na 'paro mja a'podiksi paraka'lo?	Θα μπορούσα να πάρω μια απόδειξη, παρακαλώ;
Getrennte Rechnungen, bitte.	chori'stus logarias'mus, paraka'lo.	Χωριστούς λογαριασμούς, παρακαλώ.
Das ist für Sie.	a'fta 'inä ja sas.	Αυτά είναι για σας.
Es stimmt so.	än'daksi 'imastä.	Εντάξει είμαστε.
Das Essen war ausgezeichnet.	to faji'to 'itan äksäräti'ko.	Το φαγητό ήταν εξαιρετικό.
Vielen Dank für die Einladung!	äfchari'sto po'li ja tim 'brosklisi!	Ευχαριστώ πολύ για την πρόσκληση!

ESSEN UND TRINKEN

WIE DIE EINHEIMISCHEN

›› Für den großen und kleinen Hunger

«εστιατόριο» [ästia'torio] „Restaurant": Warme, vorgekochte Speisen in einer Vitrine zum Auswählen, auf Wunsch auch Fisch und Fleisch zum Kurzbraten. Besuch mittags bis früher Abend. Man kommt eher zum Essen als zum Trinken.

«ψησταριά» [psista'rja] „Grillrestaurant": Hauptsächlich Kurzgebratenes und Gegrilltes, Brathähnchen, Gyros, «σουβλάκια» [su'wlakia] (Fleischspießchen), mitunter auch Fisch. Fungiert auch als ganztägiger Schnellimbiss und Takeaway.

«ταβέρνα» [ta'värna] „Taverne": Wein- und Speiserestaurant für den Abend. Offene Hausweine (meist Retsina), der literweise (auf Griechisch kiloweise) bestellt wird: «Μισό κιλό κόκκινη ρετσίνα, παρακαλώ» [mi'so ki'lo 'kokini rä'tsina paraka'lo] „Einen halben Liter roten Retsina, bitte!", leckere Vorspeisenauswahl, Kurzgebratenes und Fisch. Geöffnet meist erst nach 20.00 Uhr, Hauptbetrieb ab 22.00 Uhr.

«ουζερί» [usä'ri] „Ouzo- oder Fischerkneipe": Kein Fleisch, dafür Fisch in allen Variationen und natürlich Ouzo, aber auch Bier oder Wein.

«τσιπουράδικο» [tsipu'raðiko]: Eine «ουζερί», in der auch «τσίπουρο» ['tsipuro] ausgeschenkt wird. Tsipouro ist wie Ouzo ein Tresterschnaps, allerdings nicht wie dieser mit Anis versetzt.

«κουτούκι» [ku'tuki]: Kleiner volkstümlicher, meist im Souterrain gelegener Weinkeller mit Wein vom Fass und einfachen, preiswerten Speisen.

«πατσατζήδικο» [batsa'tsiðiko]: Patsas-Kneipe. Serviert wird normalerweise ausschließlich «πατσας» [ba'tsas], zu Deutsch je nach Landschaft Kaldaunen-, Kuttel- oder Fleckensuppe, wobei die Innereien sowohl vom Schaf als auch vom Schwein oder Rind stammen können, von Griechen wärmstens zur Ausnüchterung nach einem ausschweifenden Kneipenbesuch empfohlen. Geöffnet ist oft 24 Stunden am Tag.

«καφενείο» [kafä'nio]: Das gute alte Kaffeehaus in all seinen Schattierungen – vom zeitvergessenen Ort, an dem nur drei alte Männer husten, bis hin zur lärmerfüllten Kommunikationszentrale des ganzen Dorfes, an dem allabendlich die Ortsmeisterschaften im «τάβλι» ['tawli] (Backgammon) ausgetragen werden. Außer Kaffee und sonstigen Getränken gibt es «μεζές» [mä'zäs], also ein Tellerchen mit Appetithäppchen, die man sich zum Ouzo kommen lässt.

Abendessen	to wraði'no faji'to	το βραδινό φαγητό
Besteck	ta machäro'piruna	τα μαχαιροπίρουνα
Bestellung	i parangä'lia	η παραγγελία
Diabetiker	o ðjawiti'kos	ο διαβητικός
Essig	to 'ksiði	το ξίδι
fettarm	mä chami'la lipa'ra	με χαμηλά λιπαρά
frisch	'fräskos	φρέσκος
Frühstück	to proi'no ➤ S. 48	το πρωινό
Gericht	to faji'to	το φαγητό
Getränk	to po'to	το ποτό
Gewürz	ta bachari'ka	τα μπαχαρικά
Gräte	to psaro'kokalo	το ψαροκόκκαλο
heiß	kaf'tos	καυτός
kalorienarm	mä 'lijäs θär'miðäs	με λίγες θερμίδες
kalt	'krios	κρύος
Kellner/in	o särwi'toros /i särwi'tora	ο σερβιτόρος /η σερβιτόρα
Kinderteller	i mi'kri mä'riða	η μικρή μερίδα
Koch	o 'majiras	ο μάγειρας
kochen	maji'räwo	μαγειρεύω
Mittagessen	to mäsimäria'no faji'to	το μεσημεριανό φαγητό
Nachspeisen	äpi'ðorpja ➤ S. 40, 52	επιδόρπια
Ober	särwi'toros	σερβιτόρος
Öl	to 'laði	το λάδι
Pfeffer	to pi'päri	το πιπέρι
roh	o'mos	ωμός
Salat	i sa'lata ➤ S. 43, 49	η σαλάτα
Salz	to a'lati	το αλάτι
sauer	ksi'nos	ξινός
scharf	kaftä'ros	καυτερός
Senf	i mu'starða	η μουστάρδα
Serviette	i chartopä'tsäta	η χαρτοπετσέτα
Soße	i 'saltsa	η σάλτσα
Suppe	i 'supa ➤ S. 49	η σούπα
süß	gli'kos	γλυκός
Tagesgericht	to pjato i'märas	το πιάτο ημέρας
Trinkgeld	to filo'ðorima	το φιλοδώρημα
vegetarisch	chortofagi'kos	χορτοφαγικός
Vollkorn	oli'kis 'aläsis	ολικής άλεσης
Vorspeisen	oräkti'ka ➤ S. 40, 48	ωρεκτικά
Wasser	to nä'ro	το νερό
würzen	kari'käwo	καρικεύω
Zahnstocher	i oðondogli'fiða	η οδοντογλυφίδα
Zucker	i 'sachari	η ζάχαρη
(ohne) Zucker	cho'ris 'zachari	(χωρίς) ζάχαρη

➤ *www.marcopolo.de/griechisch*

ESSEN UND TRINKEN

i sa'lata
η σαλάτα

ta fa'solia
τα φασόλια

i kaftä'ri pipär'ja
η καυτερή πιπεριά

i pipär'ja
η πιπεριά

i do'mata
η ντομάτα

to a'nguri
το αγγούρι

to kunu'piði
το κουνουπίδι

to 'brokolo
το μπρόκολο

i angi'nara
η αγκινάρα

to asproma'nitaro
το ασπρομανίταρο

i mäli'dsana
η μελιτζάνα

to 'sälino
το σέλινο

i pa'tata
η πατάτα

to krä'miði
το κρεμμύδι

to 'skorðo
το σκόρδο

i zin'giwäri/i pipä'roriza
η ζιγγίβερη/η πιπερόριζα

to awo'kado
το αβοκάντο

to ka'roto
το καρότο

to 'lachano
το λάχανο

to 'praso
το πράσο

to spa'rangi
το σπαράγγι

i fa'käs
οι φακές

to kolo'kiði
το κολοκύθι

to koloki'θaki
το κολοκυθάκι

o ara'kas
ο αρακάς

ta rä'wiðia
τα ρεβίθια

to spa'naki
το σπανάκι

to kala'mboki
το καλαμπόκι

to fas'komilo
το φασκόμηλο

i 'mända
η μέντα

o maida'nos
ο μαϊντανός

to ðändro'liwano
το δεντρολίβανο

to wä'rikoko
το βερίκοκο

i ba'nana
η μπανάνα

o ana'nas
ο ανανάς

to 'mango
το μάγκο

i 'fraula
η φράουλα

to ro'ðakino
το ροδάκινο

to akti'niðjo
το ακτινίδιο

ta sta'filia
τα σταφύλια

to 'milo
το μήλο

to a'chlaði
το αχλάδι

to 'mirtilo
το μύρτιλλο

to kä'rasi
το κεράσι

to frango'stafilo
το φραγκοστάφυλο

to porto'kali
το πορτοκάλι

to lä'moni
το λεμόνι

to moßcho'lämono
το μοσχολέμονο

i pa'paja
η παπάγια

to kar'pusi
το καρπούζι

to pä'poni
το πεπόνι

to 'gräip frut
το γρέιπ φρουτ

to 'roði
το ρόδι

to ða'maskino
το δαμάσκηνο

to ða'maskino mira'bäla
το δαμάσκηνο μιραμπέλα

to 'siko
το σύκο

to 'litsi
το λίτσι

i 'frapa
η φράπα

i inði'ki ka'riða
η (ινδική) καρύδα

to 'kastano
το κάστανο

ta a'rapika fi'stikja
τα αράπικα φιστίκια

to 'mirtilo ma'krokarpo
το μύρτιλλο μακρόκαρπο

i ksi'ri kar'pi
οι ξηροί καρποί

ta a'rapika fis'tikia mä sta'fiðäs
τα αράπικα φιστίκια με σταφίδες

ESSEN UND TRINKEN

pso'mi 'tost
ψωμί τοστ

to 'mawro pso'mi
το μαύρο ψωμί

to pso'mi oli'kis 'aläsis
το ψωμί ολικής άλεσης

i ba'gäta
η μπαγκέτα

to 'bäigäl
το μπέιγκελ

to ku'luri
το κουλούρι

to krua'san
το κρουασάν

i frigan'ja
η φρυγανιά

i 'pita
η πίτα

to pso'maki
το ψωμάκι

to pso'maki oli'kis 'aläsis
το ψωμάκι ολικής άλεσης

to pso'mi 'pumbärnikäl
το ψωμί πούμπερνικελ

i go'fräta
η γκοφρέτα

to 'donat
το ντόνατ

i bu'gatsa
η μπουγάτσα

to 'käik
το κέικ

i go'fräta ri'zju
η γκοφρέτα ρυζιού

to mu'sli (δimitria'ka)
το Μουσλί (δημητριακά)

ta korn 'fläiks
τα κορν φλέικς

to ja'urti
το γιαούρτι

to 'wutiro
το Βούτυρο

ta a'wga
τα αβγά

to ti'ri
το Τυρί

to 'gala
το γάλα

to ti'ri blä
το τυρί μπλε

to kamam'bär
το καμαμπέρ

to ti'ri no'po
το τυρί νωπό

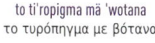
to ti'ropigma mä 'wotana
το τυρόπηγμα με βότανα

to ti'ri 'markas 'bonbäl
το τυρί μάρκας μπόνμπελ

i parmä'sana
η παρμεζάνα

i 'fäta
η φέτα

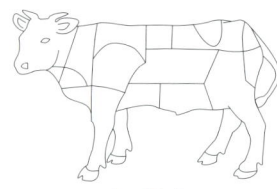

to moß'chari
το μοσχάρι

ta än'dosθia
τα εντόσθια

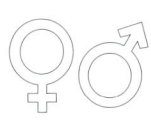

θili'kos/arsäni'kos
θηλυκός/αρσενικός

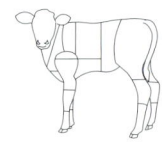

to moß'chari 'galaktos
το μοσχάρι γάλακτος

to chiri'no
το χοιρινό

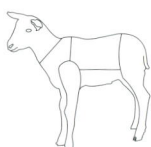

to ar'ni
το αρνί

to ko'topulo
το κοτόπουλο

i 'papja
η πάπια

o la'gos
ο λαγός

to agrio'guruno
το αγριογούρουνο

tä'machio 'kräatos
τεμάχιο κρέατος

'kräas sä ko'matja
κρέας σε κομμάτια

o ki'mas
ο κιμάς

i 'suwla
η σούβλα

to 'stäik
το στέικ

to fi'läto
το φιλέτο

i bri'sola
η μπριζόλα

to ros'bif
το ροσμπίφ

to lu'kaniko
το λουκάνικο

lu'kaniko
λουκάνικο

to sa'lami
το σαλάμι

to wra'sto zam'bon
το βραστό ζαμπόν

to orimaz'mäno zam'bon
το ωριμασμένο ζαμπόν

to 'bäikon
το μπέικον

to psi'to ko'topulo
το (ψητό) κοτόπουλο

to 'buti ko'topulu
το μπούτι κοτόπουλου

> **www.marcopolo.de/griechisch**

ESSEN UND TRINKEN

to la'wraki
το λαβράκι

i 'pästrofa
η πέστροφα

o 'tonos
ο τόνος

o solo'mos
ο σολομός

i sar'ðäläs
οι σαρδέλες

ta ka'vuria
τα καβούρια

i kara'viðäs
οι καραβίδες

o asta'kos
ο αστακός

ta 'miðia
τα μύδια

to kalama'raki
το καλαμαράκι

ta 'striðia
τα στρείδια

to chavi'ari
το χαβιάρι

mätali'ko nä'ro
μεταλλικό νερό

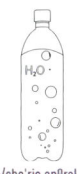
mä/cho'ris anθraki'ko
με/χωρίς ανθρακικό

to 'gala
το γάλα

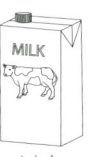
to 'gala 'sojas
το γάλα σόγιας

o chi'mos
ο χυμός

i 'koka
η κόκα

to po'to änär'jias
το ποτό ενεργείας

i 'bira
η μπίρα

to tsai
το τσάι

ka'fäs
Καφές

to ka'kao
το κακάο

to pa'gaki
το παγάκι

to 'kokino kra'si
το κόκκινο κρασί

to 'aspro kra'si
το άσπρο κρασί

to a'froðäs kra'si
το αφρώδες κρασί

to kok'täil
το κοκτέιλ

> Zeigebilder: Seite 44 ff.

Καφέ σκέτο (acc)	ka'fä 'skäto	schwarzer Kaffee
Καφέ (acc) με γάλα	ka'fä mä 'gala	Kaffee mit Milch
Καφέ (acc) χωρίς καφεΐνη	ka'fä cho'ris kafä'ini	koffeinfreier Kaffee
Τσάι με γάλα/λεμόνι	'tsai män 'gala/lä'moni	Tee mit Milch/Zitrone
Τσάι από βότανα	'tsai a'po 'wotana	Kräutertee
Σοκολάτα	soko'lata	Schokolade
Χυμό (acc) φρούτου	chi'mo 'frutu	Fruchtsaft
Αβγό μελάτο	aw'go mä'lato	weiches Ei
Ομελέτα	omä'läta	Omelett
Αβγά με μπέηκον	aw'ga mä 'bäikon	Eier mit Speck
Ψωμί/ψωμάκι/τοστ	pso'mi/pso'makij/'tost	Brot/Brötchen/Toast
Κρουασάν	krua'san	Hörnchen
Βούτυρο	'wutiro	Butter
Τυρί	ti'ri	Käse
Λουκάνικο	lu'kaniko	Wurst
Ζαμπόν	sam'bon	Schinken
Μέλι	'mäli	Honig
Μαρμελάδα	marmä'laða	Marmelade
Μουσλί (δημητριακά)	mu'sli (ðimitria'ka)	Müsli
Γιαούρτι	ja'urti	Joghurt
φρούτα	'fruta	Obst

Ρωσική σαλάτα	rosi'ki sa'lata	Russischer Salat
Ταραμοσαλάτα	taramosa'lata	Fischrogensalat
Ελιές	ä'ljäs	Oliven
Φέτα	'fäta	Scheibe Schafskäse
Μελιτζανοσαλάτα	mälidsanosa'lata	Auberginensalat
Ντολμαδάκια	dolma'ðakja	Gefüllte Weinblätter
Γίγαντες	'jigandäs	Riesenbohnen
Γαρίδες	ga'ridäs	Garnelen
Τυροπιτάκια	tiropi'takja	Käsetaschen
Σαγανάκι	saga'naki	Gebackene Käsescheiben

SPEISEKARTE

■ Σούπες | 'supäs | SUPPEN

Κοτόσουπα	ko'tosupa	Hühnersuppe
Ψαρόσουπα	psa'rosupa	Fischsuppe
Σούπα φιδές	'supa fi'däs	Fadennudelsuppe
Κρεμμυδόσουπα	krämi'ðosupa	Zwiebelsuppe
Ζωμός κρέατος	so'mos 'kräatos	Fleischbrühe
Ντοματόσουπα	doma'tosupa	Tomatensuppe
Λαχανόσουπα	lacha'nosupa	Kohlsuppe
Σούπα ρεβίθια	'supa rä'wiðia	Kichererbsensuppe
Σούπα φακή	'supa fa'ki	Linsensuppe
Μαγειρίτσα	maji'ritsa	Ostersuppe aus Lamminnereien
Πατατόσουπα	pata'tosupa	Kartoffelsuppe

■ Σαλάτες | sa'latäs | SALATE

Ντοματοσαλάτα	domatosa'lata	Tomatensalat
Αγγουράκια	angu'rakia	Gurken
Παντζάρια	pan'dsaria	Rote-Beete-Salat
Λαχανοσαλάτα	lachanosa'lata	Krautsalat
Πατατοσαλάτα	patatosa'lata	Kartoffelsalat
Χωριάτικη	cho'rjatiki	griechischer Salat
Σαλάτα μαρούλι	sa'lata ma'ruli	Kopfsalat
Σαλάτα ραδίκια	sa'lata ra'ðikia	Chicoréesalat
Σαλάτα γαρίδες	sa'lata ga'riðäs	Garnelensalat
Τζατζίκι	dsa'dsiki	Zaziki

■ ψάρια | 'psarja | FISCHGERICHTE

 Zeigebilder: Seite 47

Άστακός λαδολέμονο	asta'kos laðo'lämono	Hummer in Öl und Zitrone
Γαρίδες μαγιονέζα	ga'riðes majo'näsa	Garnelen mit Maionäse
Γαρίδες βραστές	ga'ridäs wra'stäs	Garnelen gekocht
Μπαρμπούνια πανέ τηγανητά	bar'bunia pa'nä tigani'ta	Meerbarben gebraten
Μπαρμπούνια σχάρας	bar'bunia 'ßcharas	Meerbarben gegrillt
Γλώσσες μαρινάτες	'glosäs mari'natäs	Seezunge mariniert
Γλώσσες τηγανητές	'glosäs tigani'täs	Seezunge gebraten
Φιλέτο γλώσσα	fi'läto 'glosa	Seezungenfilet

Μύδια γεμιστά	'miðia jämi'sta	Gefüllte Muscheln
Μύδια τηγανητά	'miðia tigani'ta	Muscheln gebraten
Μύδια σαγανάκι	'miðia saga'naki	Muscheln überbacken
Καλαμαράκια τηγανητά	kalama'rakia tigani'ta	Kalmar gebraten
Μπακαλιάρος βραστός	baka'ljaros wra'stos	Stockfisch gekocht
Μπακαλιάρος φούρνου	baka'ljaros 'furnu	Stockfisch im Backofen
Μπακαλιάρος φιλέτο	baka'ljaros fi'läto	Stockfischfilet
Μπακαλιάρος γιαχνιστός	baka'ljaros jachni'stos	Stockfisch gedünstet
Χέλι τηγανητό	'chäli tigani'to	Aal gebraten
Χέλι γιαχνιστό	'chäli jachni'sto	Aal gedünstet

Πουλερικά και κυνήγι | puläri'ka kä ki'niji
GEFLÜGEL UND WILD

 Zeigebilder: Seite 46

Κότα με σούπα αβγολέμονο	'kota mä 'supa awgo'lämono	Huhn in Zitronensuppe
Κοτόπουλο ψητό	ko'topulo psi'to	Brathuhn
Γαλοπούλα ψητή	galo'pula psi'ti	Truthahn gebraten
Πέρδικα γεμιστή του φούρνου	'pärðika jämi'sti tu 'furnu	Gefülltes Rebhuhn im Backofen
Πέρδικες ψητές	'pärðikäs psi'täs	Rebhuhn gebraten
Χήνα γεμιστή μέ κιμά	'china jämi'sti mä ki'ma	Gans mit Hackfleisch gefüllt
Πάπια μέ μπάμιες	'papia mä 'bamiäs	Ente mit Okra
Τρυγόνια σούβλας	tri'gonia 'suwlas	Turteltauben vom Spieß
Λαγός μέ σάλτσα	la'gos mä 'saltsa	Hase mit Sauce
Λαγός φούρνου	la'gos 'furnu	Hase im Backofen
Κουνέλι στιφάδο	ku'näli sti'faðo	Kaninchen geschmort in Zwiebelsauce
Κουνέλι κρασάτο	ku'näli kra'sato	Kaninchen in Weinsauce
Ζαρκάδι ψητό	sar'kaði psi'to	Rehbraten
Άγριόχοιρος	a'griochiros	Wildschwein
Λαγός/κουνέλι σαλμί	la'gos/ku'neli sal'mi	Hase/Kaninchen mariniert

■Φαγητά μέ κρέας | faji'ta mä 'kräas | FLEISCHGERICHTE ■■■■■

> Zeigebilder: Seite 46

Μπόν φιλέ	bon fi'lä	Lendenfilet
Παϊδάκια αρνίσια	pai'ðakia ar'nisia	Lammrippchen
Μπριζόλες μοσχαρίσιες	bri'soläs moßcha'risiäs	Kalbskotelett
Μπριζόλες χοιρινές	bri'soläs chiri'näs	Schweinekotelett
Σουτζουκάκια σχάρας	sudsu'kakia 'ßcharas	Hackfleischwürstchen gegrillt
Σούβλα	'suwla	Fleischspieß
Σουβλάκια	su'wlakia	Kleine Fleischspieße
Μπιφτέκι	bi'ftäki	Boulette vom Grill
Άρνί ψητό	ar'ni psi'to	Lammbraten
Άρνί κοκκινιστό	ar'ni kokini'sto	Lammfleisch geschmort in roter Zimtsauce
Άρνί στο φούρνο	ar'ni sto 'furno	Lammfleisch im Backofen
Μοσχαράκι ψητό	moßcha'raki psi'to	Kalbsbraten
Μοσχάρι Κοκκινιστό	mos'chari kokini'sto	Kalbfleisch geschmort in roter Zimtsauce
Μοσχάρι στό φούρνο	mos'chari sto 'furno	Kalbfleisch im Backofen
Μιξτ Γκριλλ	'mikst 'gril	Gemischtes vom Grill
Γουρουνόπουλο ψητό	guru'nopulo psi'to	Spanferkel gebraten
Γύρος	'jiros	Gyros
Βοδινό φιλέτο ψητό	woði'no fi'läto psi'to	Rinderfilet

■Λαχανικά | lachani'ka | GEMÜSEGERICHTE ■■■■■

> Zeigebilder: Seite 43

Ντολμάδες κληματό-φυλλα/λάχανο	dol'maðäs klima'tofila/ 'lachano	Gefüllte Weinblätter/ Weißkraut
Άγκινάρες γεμιστές	angi'naräs jämi'stäs	Gefüllte Artischocken
Ντομάτες γεμιστές	do'matäs jämi'stäs	Gefüllte Tomaten
Μελιτζάνες γεμιστές	mäli'dsanäs jämi'stäs	Gefüllte Auberginen
Πιπεριές γεμιστές	pipä'rjäs jämi'stäs	Gefüllte Paprikaschoten
Τουρλού	tur'lu	Bunter Gemüseschmor-topf
Φασολάκια φρέσκα	faso'lakia 'fräska	Grüne Bohnen
Μπάμιες	'bamiäs	Okraschoten

Μουσακάς	musa'kas	Auberginen-Kartoffel-Fleisch-Auflauf
Παστίτσιο	pa'stitsio	Nudelauflauf mit Fleischfüllung
Μελιτζάνες τηγανητές	mäli'dsanäs tigani'täs	Auberginen gebraten
Πιπεριές τηγανητές	pipä'rjäs tigani'täs	Paprika gebraten
Κολοκυθάκια γεμιστά	koloki'θakia jämi'sta	Gefüllte Zucchini
Κολοκυθάκια τηγανητά	koloki'θakia tigani'ta	Zucchini gebraten
Πατάτες τηγανητές	pa'tatäs tigani'täs	Pommes frites
Σπανακόρυζο	spana'koriso	Spinat mit Reis

Έπιδόρπια | äpi'ðorpja | NACHSPEISEN

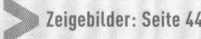
Zeigebilder: Seite 44

Μπακλαβάς	bakla'was	Blätterteig in Sirup mit Nussfüllung
Κρέμα	'kräma	Vanillepudding
Ρυζόγαλο	ri'sogalo	Milchreis
Σταφύλια	sta'filia	Trauben
Καρπούζι	kar'pusi	Wassermelone
Πεπόνι	pä'poni	Honigmelone
Ροδάκινα	ro'ðakina	Pfirsiche

Μή αλκοολούχα ποτά | mi alkoo'lucha po'ta
ALKOHOLFREIE GETRÄNKE

Καφές	ka'fäs	Kaffee
Έλληνικός καφές	älini'kos ka'fäs	Griechischer Mokka
Τσάι	tsai	Tee
Πορτοκαλάδα	portoka'laða	Orangenlimonade
Λεμονάδα	lämo'naða	Zitronenlimonade
Μεταλλικό νερό	mätali'ko nä'ro	Mineralwasser

GETRÄNKEKARTE

Άλκοολούχα ποτά | alkoo'lucha po'ta
ALKOHOLISCHE GETRÄNKE

Ούζο	'uso	Ouzo
Άσπρο κρασί /	'aspro kra'si /	Weißwein
Λευκός οίνος	läf'kos 'inos	
Κόκκινο κρασί /	'kokino kra'si /	Rotwein
Ερυθρός οίνος	äri'θros 'inos	
Γλυκό /Ημίγλυκο /	gli'ko /i'migliko /	süßer / lieblicher /
Ξηρό κρασί	ksi'ro kra'si	trockener Wein
Κρασί ροζέ	kra'si ro'sä	Roséwein
Ρετσίνα	rä'tsina	Retsina (geharzter Wein)
Τσίπουρο	'tsipuro	Tresterschnaps
Μπύρα	'birä	Bier

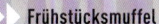

WIE DIE EINHEIMISCHEN

Insider Tipps

▸▸ Frühstücksmuffel

Griechenland ist kein klassisches Frühstücksland, die meisten Griechen begnügen sich mit einem Kaffee und einem «κουλούρι» [ku'luri] (Sesambrezel) oder einem Crois-sant. An den touristisch erschlossenen Orten wird jedoch gewöhnlich ein Frühstück im europäischen Stil angeboten, das aber oft nicht sehr opulent ausfällt.

▸▸ Auf dein Wohl!

Prostet man jemandem zu, den man duzt, so sagt man «στην υγειά σου» [stin i'ja sou]. Dies bedeutet „auf dein Wohl". «Στην υγειά σας» [stin i'jasas] wird für die „Sie-Form" benutzt.
Gilt das Zuprosten mehreren Personen, sagt man «στην υγειά μας» [stin i'jamas], oder etwas abgekürzt «γειά μας» ['jamas].

▸▸ Trinkgeld inklusive

Im griechischen Restaurant ist das Trinkgeld im Preis bereits enthalten. Wer das Bedürfnis hat, sich nach einem ausgiebigen Mahl zusätzlich zu bedanken, lässt ein-fach etwas Wechselgeld auf dem Tisch zurück, jedoch nicht in der Größenordnung von 10%, sondern allenfalls von 3%.

> # ERFOLGREICH SHOPPEN

Mal ist es der schicke Schuh oder das schöne Souvenir, mal die Zahnbürste oder das Vollkornbrot – jetzt sind Sie für alle Eventualitäten gerüstet. Plus: praktische Zeigebilder

■ IM GESCHÄFT | sto ka'tasima | Στο κατάστημα

Danke, ich sehe mich nur um.	äfchari'sto ki'tazo 'mono.	Ευχαριστώ, κοιτάζω μόνο.
Wo finde ich ...?	'pu θa wro ...?	Πού θα βρω …;
Haben Sie ...?	'ächätä ...?	Έχετε …;
Das gefällt mir.	a'fto mu a'räsi.	Αυτό μου αρέσει.
Ich nehme es.	θa to'paro.	Θα το πάρω.
Nehmen Sie Kreditkarten?	bo'ro na pli'roso mä pistoti'ki 'karta?	Μπορώ να πληρώσω με πιστωτική κάρτα;
Wie viel kostet es?	'poso ko'stisi?	Πόσο κοστίζει;
Das ist aber teuer!	po'li akri'wo!	Πολύ ακριβό!

EIN KAUFEN

Können Sie am Preis noch etwas machen?	bo'rità na chami'losätä 'ligo tin di'mi?	Μπορείτε να χαμηλώσετε λίγο τιν τιμή;
Ich zahle höchstens ...	to po'li θa 'plirona ...	Το πολύ θα πλήρωνα …
Ich nehme es.	θa to'paro.	Θα το πάρω.
Können Sie mir ein ...geschäft empfehlen?	bo'rità na mu si'stisätä 'äna ka'tastima ...?	Μπορείτε να μου συστήσετε ένα κατάστημα …;

ÖFFNUNGSZEITEN 'oräs litur'jias	Ώρες λειτουργίας	
offen	ani'chto	ανοιχτό
geschlossen	kli'sto	κλειστό
Betriebsferien	ðjako'päs	διακοπές

tuhrist infa'mäischn
Tourist Information

tachiðro'mio
Ταχυδρομείο

farma'kio
Φαρμακείο

ka'tastima kalindi'kon i'ðon
Κατάστημα καλλυντικών ειδών

artopo'lio
Αρτοπωλείο

oporopo'lio
Οπωροπωλείο

kräopo'lio
Κρεοπωλείο

ka'tastima ikoloji'kon pro'jondon
Κατάστημα οικολογικών προϊόντων

ipoðimatopo'lio
Υποδηματοπωλείο

ka'tastima opti'kon
Κατάστημα οπτικών

chrisocho'io
Χρυσοχοείο

ka'tastima ðärma'tinon i'ðon
Κατάστημα δερμάτινων ειδών

ka'tastima iläktri'kon
Κατάστημα ηλεκτρικών

kom'bjutärs/ipoloji'stäs
Κομπιούτερς/Υπολογιστές

fotografi'ka 'iði
Φωτογραφικά είδη

kini'ta ti'läfona
Κινητά Τηλέφωνα

äfimäriðo'polis
Εφημεριδοπώλης

wiwliopo'lio
Βιβλιοπωλείο

ðiskopo'lio
Δισκοπωλείο

pächniðopo'lio
Παιχνιδοπωλείο

inopo'lio
Οινοπωλείο

'kawa
Κάβα

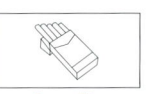
kapnopo'lio
Καπνοπωλείο

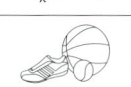
'iði aθliti'smu
Είδη αθλητισμού

anθopo'lio
Ανθοπωλείο

komo'tirio
Κομμωτήριο

ka'tastima ikia'kon iðon
Κατάστημα οικιακών ειδών

gra'fio taksi'ðjon
Γραφείο ταξιδιών

Einkaufszentrum	'kändro liani'kon katasti'maton	κέντρο λιανικών καταστημάτων
Flohmarkt	to ba'zari (mätachiris'mänon i'ðon)	το παζάρι (μεταχειρισμένων ειδών)
Kaufhaus	to polika'tastima	το πολυκατάστημα
Markt	i ago'ra	η αγορά
Reiseandenken	to suvä'nir	το σουβενίρ
Supermarkt	to 'supär 'markät	το σούπερ μάρκετ

> *www.marcopolo.de/griechisch*

APOTHEKE | farma'kio | Φαρμακείο

Arzt: Seite 92 ff.

Wo ist die nächste Apotheke?	'pu 'inä to ä'pomäno farma'kio?	Πού είναι το επόμενο φαρμακείο;
Geben Sie mir bitte etwas gegen ...	'ðostä mu, paraka'lo, 'kati ja ...	Δώστε μου, παρακαλώ, κάτι για ...
Dieses Mittel ist rezeptpflichtig.	jaf'to to 'farmako chri'asätä sinda'ji.	Για αυτό το φάρμακο χρειάζεται συνταγή.

MAN NEHME ... na 'parätä Να πάρετε ...

innerlich	äsotäri'kos	εσωτερικός
äußerlich	äksotäri'kos	εξωτερικός
einnehmen	'pärno	παίρνω
auf nüchternen Magen	mä 'aðio sto'machi	με άδειο στομάχι
vor dem Essen	prin do faji'to	πριν το φαγητό
nach dem Essen	mä'ta to faji'to	μετά το φαγητό
im Mund zergehen lassen	ðia'liondä sto 'stoma	διαλύονται στο στόμα

weiter auf Seite 60

WIE DIE EINHEIMISCHEN

Insider Tipps

Nehmen Sie Kreditkarten?
Kreditkarten werden in Geschäften im Allgemeinen akzeptiert. Zur Sicherheit sollte man aber immer eine gewisse Barreserve mit sich führen, vor allem, wenn man in abgelegenere Gebiete reist.

Spaß beim Handeln
Besuchen Sie einmal einen griechischen Volksmarkt «λαϊκή (αγορά)» [lai'ki (ago'ra)], der in fast allen größeren Ortschaften stattfindet. Schon allein des Treibens und der flotten Sprüche wegen lohnt es sich – vielleicht können Sie ja sogar schon etwas verstehen. Hier zu handeln lohnt sich immer, doch auch in Bekleidungs- und Schuhgeschäften kann man damit einen guten Preis «λογική τιμή» [loji'ki ti'mi] erzielen. Spaß macht auch ein Einkaufsbummel in Athens unverändertem und interessanten Altstadtteil «Πλάκα» (Plaka), vor allem Sonntagvormittags, wenn dort Markttag ist (U-Bahnstation «Μοναστηράκι»).

■ DROGERIE | ka'tastima kalindi'kon | Κατάστημα καλλυντικών

to sa'puni
το σαπούνι

to aposmiti'ko
το αποσμητικό

i 'kräma
η κρέμα

to char'ti i'jias
το χαρτί υγείας

i oðon'dowurtsa
η οδοντόβουρτσα

i oðon'dopasta
η οδοντόπαστα

to oðondi'ko 'nima
το οδοντικό νήμα

ta charto'mandila
τα χαρτομάντιλα

to sambu'an
το σαμπουάν

i lak mal'jon
η λακ μαλλιών

i 'chtäna/i 'wurtsa ma'ljon
η χτένα/η βούρτσα μαλλιών

o ka'θräftis
ο καθρέφτης

i 'lima ni'chjon
η λίμα νυχιών

to tsimbi'ðaki fri'ðjon
το τσιμπιδάκι φρυδιών

to psa'liði ni'chjon
το ψαλίδι νυχιών

to 'aroma
το άρωμα

ta tam'bon
τα ταμπόν

i sär'wjäta
η σερβιέτα

i 'maskara
η μάσκαρα

to kra'jon
το κραγιόν

to ksira'faki
το ξυραφάκι

i ksiristi'ki micha'ni
η ξυριστική μηχανή

to 'aftär 'säif
το άφτερ σέιβ

to profilakti'ko
το προφυλακτικό

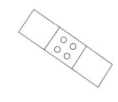
i andilja'ki 'kräma
η αντηλιακή κρέμα

i θärmo'fora
η θερμοφόρα

o läfko'plastis
ο λευκοπλάστης

i otas'piðäs
οι ωτασπίδες

i wä'lona
η βελόνα

i klo'sti
η κλωστή

i para'mana
η παραμάνα

to kum'bi
το κουμπί

> *www.marcopolo.de/griechisch*

ELEKTRO/COMPUTER/FOTO | iläktri'ka/kom'bjutärs/fotogra'fiäs
Ηλεκτρικά/Κομπιούτερς/Φωτογραφίες

o fa'kos 'tsäpis
ο φακός τσέπης

i 'lamba
η λάμπα

i bata'ria
η μπαταρία

o a'daptoras
ο αντάπτορας

to 'laptop
το λάπτοπ

ka'loðjo 'fortosis
το καλώδιο φόρτωσης

to si di/di vi di
το σι ντι/ντι βι ντι

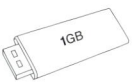

to 'mämori stik
το μέμορι στικ

o äktipo'tis
ο εκτυπωτής

to 'skanär
το σκάνερ

to kini'to ti'läfono
το κινητό τηλέφωνο

to ka'loðjo 'räwmatos
το καλώδιο ρεύματος

i tilä'orasi
η τηλεόραση

to ra'ðjofono
το ραδιόφωνο

to äm pi θri/'ai pod
το εμ πι θρι/άι ποντ

ta akusti'ka
τα ακουστικά

i psifia'ki fotografi'ki micha'ni
η ψηφιακή φωτογραφική μηχανή

o tiläfa'kos
ο τηλεφακός

o sisoräf'tis
ο συσσωρευτής

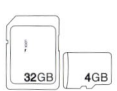

i 'karta 'mnimis
η κάρτα μνήμης

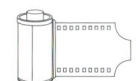

to film
το φιλμ

to 'slaid
το σλάιντ

i ipo'vrichia fotografi'ki micha'ni
η υποβρύχια φωτογραφική μηχανή

i 'kamära
η κάμερα

to ksipni'tiri
το ξυπνητήρι

i iläktri'ki ksiristi'ki micha'ni
η ηλεκτρική ξυριστική μηχανή

i iläktri'ki oðon'dowurtsa
η ηλεκτρική οδοντόβουρτσα

to pisto'laki
το πιστολάκι

Antibabypille	to andisilipti'ko 'chapi	το αντισυλληπτικό χάπι
Antibiotikum	to andiwioti'ko	το αντιβιωτικό
Aspirin®	i aspi'rini	η ασπιρίνη
Augentropfen	i sta'gonäs ma'tjon	οι σταγόνες ματιών
Beruhigungsmittel	to irämisti'ko	το ηρεμιστικό
Brandsalbe	i ali'fi äng'awmatos	η αλειφή εγκαύματος
Desinfektionsmittel	to apolimandi'ko	το απολυμαντικό
Elastikbinde	o älasti'kos ä'piδäsmos	ο ελαστικός επίδεσμος
Fieberthermometer	to θär'momätro pirä'tu	το θερμόμετρο πυρετού
Gegengift	to an'diδoto	το αντίδοτο
Gurgelwasser	to i'gro ja gar'gara	το υγρό για γαργάρα
Halstabletten	ta 'chapja ja to lä'mo	τα χάπια για το λαιμό
Hustensaft	to si'ropi ja 'wicha	το σιρόπι για βήχα
Insektenmittel	to ändomo'ktono	το εντομοκτόνο
Insulin	i insu'lini	η ινσουλίνη
Jod(tinktur)	to 'wama io'δiu	το βάμμα ιωδίου
Kamillentee	to tsai a'po chamo'mili	το τσάι από χαμομήλι
Kohletabletten	ta 'chapja 'ultra kar'bon	τα χάπια ούλτρα καρμπόν
Kondom	to profilakti'ko	το προφυλακτικό
Kopfschmerztabletten	ta 'chapia ja pono'käfalo	τα χάπια για πονοκέφαλο
Kreislaufmittel	to 'farmako ja tin	το φάρμακο για την
	kiklofo'ria 'ämatos	κυκλοφορία αίματος
Magentropfen	i sta'gonäs sto'machu	οι σταγόνες στομάχου
Medikament, Mittel	to 'farmako	το φάρμακο
Mullbinde	i 'gasa	η γάζα
Nebenwirkungen	i parä'närjäs	οι παρενέργειες
Ohrentropfen	i sta'gonäs a'ftjon	οι σταγόνες αφτιών
Pflaster	o läfko'plastis	ο λευκοπλάστης
Puder	i 'puδra	η πούδρα
Rezept	i sinda'ji	η συνταγή
Salbe	i ali'fi	η αλειφή
Schlaftabletten	ta ipnoti'ka 'chapja	τα υπνωτικά χάπια
Schmerztabletten	ta paf'sipona	τα παυσίπονα
Sonnenbrand	to 'ängawma a'po ton 'iljo	τό έγκαυμα από τον ήλιο
Tablette	to 'chapi	το χάπι
Traubenzucker	i gli'kosi	η γλυκόζη
Tropfen	i sta'gonäs	οι σταγόνες f
Zäpfchen	to i'poθato	το υπόθετο

■ FRISEUR | komo'tirio | Κομμωτήριο

Waschen und föhnen, bitte.	'lusimo kä 'stägnoma, paraka'lo.	Λούσιμο και στέγνωμα, παρακαλώ.
Schneiden (mit Waschen), bitte.	'kopsimo ma'ljon (mä 'lusimo), paraka'lo.	Κόψιμο μαλλιών (με λούσιμο), παρακαλώ.
Etwas kürzer ...	'ligo pjo konda ...	Λίγο πιο κοντά ...
Nicht zu kurz ...	'ochi po'li kon'da ...	Όχι πολύ κοντά.
Ganz kurz ...	po'li kon'da ...	Πολύ κοντά ...
bitte.	paraka'lo.	παρακαλώ.
Rasieren, bitte.	'ksirisma, paraka'lo.	Ξύρισμα, παρακαλώ.
Stutzen Sie mir bitte den Bart.	paraka'lo, 'kopstä mu tis 'akräs a'po ta 'jänja.	Παρακαλώ, κόψτε μου τις άκρες από τα γένια.
Vielen Dank.	äfchari'sto po'li.	Ευχαριστώ πολύ.
So ist es gut.	'ätsi 'inä o'räa.	Έτσι είναι ωραία.

Bart	ta 'jänia	τα γένια
föhnen	stä'gnono ta ma'lja	στεγνώνω τα μαλλιά
frisieren	chtä'niso	χτενίζω
Frisur	to 'chtänisma	το χτένισμα
glätten	i'sjono	ισιώνω
Haar	ta ma'lja	τα μαλλιά
Haarschnitt	to 'kuräma	το κούρεμα
kämmen	chtä'niso	χτενίζω
Locken	i 'bukles	οι μπούκλες f
Pony	i a'fäljäs	οι αφέλειες f
Scheitel	i cho'ristra	η χωρίστρα
Schnurrbart	to mu'staki	το μουστάκι
Schuppen	i piti'riða	η πιτυρίδα
Shampoo	to sambu'an	το σαμπουάν
Spitzen schneiden	'kopsimo ton 'akron ton ma'ljon	κόψιμο των άκρων των μαλλιών
Stufenschnitt	to 'kuräma dägra'dä	το κούρεμα ντεγκραντέ
tönen	ton'iso to 'chroma	τονίζω το χρώμα

■ KLEIDUNG | i änðima'sia | Η ενδυμασία

Können Sie mir ... zeigen?	bo'ritä na mu 'ðiksätä ...?	Μπορείτε να μου δείξετε ...;
Kann ich es anprobieren?	bo'ro na to pro'waro?	Μπορώ να το προβάρω;
Welche (Konfektions-) Größe haben Sie?	ti 'numäro fo'ratä?	Τι νούμερο φοράτε;
eng/weit.	stä'no/far'ði.	στενό/φαρδύ.
kurz/lang.	kon'do/ma'kri.	κοντό/μακρύ.
klein/groß.	mi'kro/mä'galo.	μικρό/μεγάλο.

to ma'ko blu'zaki
το μακό μπλουζάκι

to pu'lowär
το πουλόβερ

to pu'lowär mä ku'kula
το πουλόβερ με κουκούλα

to bu'fan
το μπουφάν

to pandä'loni
το παντελόνι

to sorts
το σορτς

i 'fusta
η φούστα

i 'soni
η ζώνη

i buka'misa
η πουκαμίσα

to pu'kamiso
το πουκάμισο

to sa'kaki
το σακάκι

i plä'kti sa'käta
η πλεκτή ζακέτα

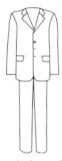
to ku'stumi
το κουστούμι

to 'foräma / fu'stani
το φόρεμα / φουστάνι

to ta'jär
το ταγιέρ

to pal'to
το παλτό

to kal'tson
το καλτσόν

ta ä'sorucha
τα εσώρουχα

to bur'nuzi
το μπουρνούζι

i 'kaltsäs/i ma'krjäs 'kaltsäs
οι κάλτσες f/οι μακριές κάλτσες

to ma'jo
το μαγιό

to ma'jo jinä'kon
το μαγιό γυναικών

to bi'kini
το μπικίνι

to sku'faki
το σκουφάκι

to ka'pälo
το καπέλο

ta 'gandia
τα γάντια

to ka'skol
το κασκόλ

Das passt gut.	a'fto 'stroni ka'la.	Αυτό στρώνει καλά.
Ich nehme es.	θa to 'paro.	Θα το πάρω.
Das ist nicht ganz, was ich	δän 'inä akri'wos af'to	Δεν είναι ακριβώς αυτό
möchte.	pu 'θälo.	που θέλω.
Danke, ich denke nochmals	äfchari'sto θa to	Ευχαριστώ. Θα το
darüber nach.	ksanaskäf'to.	ξανασκεφτώ.

▮ LEBENSMITTEL | 'trofima | Τρόφημα ▮▮▮

 Eine ausführliche Übersicht von Lebensmitteln und Gerichten finden Sie im Kapitel ESSEN UND TRINKEN auf Seite 43 ff.

Was darf es sein?	ti 'θälätä?	Τι θέλετε;
Geben Sie mir bitte ...	'δostä mu paraka'lo ...	δώστε μου παρακαλώ ...
ein Pfund (500 g) ...	mi'so ki'lo	μισό κιλό ...
ein Kilo ...	'äna ki'lo ...	ένα κιλό ...
ein Stück von ...	'äna ko'mati ...	ένα κομμάτι ...
eine Packung ...	'äna pa'käto ...	ένα πακέτο ...
ein Glas ...	'äna wa'saki ...	ένα βαζάκι ...
eine Dose ...	'äna ku'ti ...	ένα κουτί ...
eine Flasche ...	'äna bu'kali ...	ένα μπουκάλι ...
eine Einkaufstüte.	mja sa'kula.	μια σακούλα
Darf es sonst noch etwas sein?	'θälätä 'tipotä 'alo?	Θέλετε τίποτε άλλο;
Danke, das ist alles.	äfchari'sto, af'ta.	Ευχαριστώ, αυτά.

alkoholfreies Bier	'bira cho'ris alko'ol	μπύρα χωρίς αλκοόλ
Babynahrung	wräfi'ki tro'fi	βρεφική τροφή
Backwaren	ta proi'onda artopi'ias	προϊόντα αρτοποιίας
Bier	i 'bira	η μπύρα
Biokost	to wioloji'ko 'trofima	το βιολογικό τρόφιμα
Brot	to pso'mi ➤ S. 45, 48	το ψωμί
Brötchen	to pso'maki ➤ S. 45, 48	τα ψωμάκι
Butter	to 'wutiro ➤ S. 45, 48	το βούτυρο
Eier	ta a'wga ➤ S. 45, 48	τα αβγά
Eis	to pago'to	το παγωτό
Essig	to 'ksiδi	το ξίδι
Fisch	to 'psari ➤ S. 47, 49 f.	το ψάρι
Fleisch	to 'kräas ➤ S. 46, 50 f.	το κρέας
frisch	'fräskos	φρέσκος
Gebäck	wu'timata	βουτήματα
Gemüse	lachani'ka ➤ S. 43, 51 f.	λαχανικά
Getränke	po'ta ➤ S. 47, 52 f.	ποτά

Hackfleisch	o ki'mas	ο κιμάς
Hähnchen	to ko'topulo > S. 46, 50	το κοτόπουλο
Joghurt	to ja'urti	το γιαούρτι
Kaffee	o ka'fäs > S. 47 f., 52	ο καφές
Käse	to ti'ri > S. 45, 48	το τυρί
Kekse	ta bi'skota	τα μπισκότα
Kuchen	to 'käik > S. 45	το κέικ
Margarine	i marga'rini	η μαργαρίνη
Marmelade	i marmä'laða	η μαρμελάδα
Mehl	to a'läwri	το αλεύρι
Milch	to 'gala > S. 45, 48	το γάλα
Mineralwasser	to mätali'ko nä'ro > S. 47, 52	το μεταλλικό νερό
Nudeln	ta maka'ronia	τα μακαρόνια
Obst	ta 'fruta > S. 44, 52	τα φρούτα
Öl	to 'laði	το λάδι
Orangensaft	o chi'mos portoka'lju	ο χυμός πορτοκαλιού
Pfeffer	to pi'päri	το πιπέρι
Sahne	i 'kräma 'galaktos	η κρέμα γάλακτος
Salat	i sa'lata > S. 49	η σαλάτα
Salz	to a'lati	το αλάτι
Schokolade	i soko'lata	η σοκολάτα
Senf	i mu'starða	η μουστάρδα
Suppe	i 'supa > S. 49	η σούπα
Süßigkeiten	ta gli'ka	τα γλυκά
Toast	to pso'maki ja tost > S. 45	το ψωμάκι για τοστ
Vollkorn	oli'kis 'aläsis	ολικής άλεσης
Wein	to kra'si > S. 53	το κρασί
Wurst	to lu'kaniko > S. 46, 48	το λουκάνικο
(ohne) Zucker	cho'ris 'zachari	(χωρίς) ζάχαρη

WIE DIE EINHEIMISCHEN

> **Leckereien**

Im Athener Fisch- und Fleischmarkt an der Athinas-Straße unweit des zentralen Omonia-Platzes kann man in kleinen einfachen Restaurants die unverfälschte griechische Volksküche genießen. Schräg gegenüber liegt gleich der Gemüsemarkt, wo man sich auch preiswert mit Gewürzen, Nüssen, Pistazien, Trockenfrüchten, aber auch mit Wein vom Fass eindecken kann.

> *www.marcopolo.de/griechisch*

■ OPTIKER | opti'kos | Οπτικός

Würden Sie mir bitte diese Brille reparieren?	bo'ritä na mu äpiðior'θosätä a'fta ta ja'lja?	Μπορείτε να μου επιδιορθώσετε αυτά τα γυαλιά;
Ich bin kurzsichtig/ weitsichtig.	'ächo mio'pia/präzwio'pia.	Έχω μυωπία/πρεσβυωπία.
Wie ist Ihre Sehstärke?	'posus waß'mus 'orasis 'ächätä?	Πόσους βαθμούς όρασης έχετε;
rechts plus/minus ..., links ...	ðäksi'a sin/mion ..., aristä'ra ...	δεξιά συν/μείον …, αριστερά …
Wann kann ich die Brille abholen?	'potä bo'ro na 'paro ta ja'lja?	Πότε μπορώ να πάρω τα γυαλιά;
Ich brauche ...	chri'asomä ...	Χρειάζομαι …
Aufbewahrungslösung	to i'gro ðia'tirisis	το υγρό διατήρησης
Reinigungslösung	to i'gro kaθaris'mu	το υγρό καθαρισμού
für harte/weiche Kontaktlinsen.	ja skli'rus/mala'kus fa'kus äpa'fis.	για σκληρούς/μαλακούς φακούς επαφής.
Ich suche ...	'psachno ...	Ψάχνω …
eine Sonnenbrille.	ja'lja i'liu.	γυαλιά ηλίου.
ein Fernglas.	'kjalja.	κιάλια.

■ SCHMUCKWAREN | kos'mimata | Κοσμήματα

Ich möchte ein schönes Andenken/Geschenk.	'θälo 'äna o'räo suwä'nir/'ðoro.	Θέλω ένα ωραίο σουβενίρ/δώρο.
Anhänger	to mäda'jon	το μενταγιόν
Armband	to wra'chjoli	το βραχιόλι
Armbanduhr	to ro'loi chä'rju	το ρολόι χεριού
Brosche	i kar'fitsa	η καρφίτσα
echt	'gnisios	γνήσιος
(Edel-)Stein	o po'litimos 'liθos	ο πολύτιμος λίθος
Gold	o chri'sos	ο χρυσός
Kette	i ali'siða	η αλυσίδα
Kristall	o 'kristalos	ο κρύσταλλος
Ohrringe	ta skula'rikia	τα σκουλαρίκια
Perle	to margari'tari	το μαργαριτάρι
Ring	to ðachti'liði	το δαχτυλίδι
Schmuck	ta kos'mimata	τα κοσμήματα
Silber	to a'simi	το ασήμι
Uhr	to ro'loi	το ρολόι
wasserdichte Uhr	to aði'awrocho ro'loi	το αδιάβροχο ρολόι

■ SCHUHGESCHÄFT | ipoðimatopo'lio | Υποδηματοπωλείο

Ich möchte ein Paar ...schuhe.	'θälo 'äna sä'wgari pa'putsja.	Θέλω ένα ζευγάρι παπούτσια.
Ich habe Schuhgröße ...	fo'rao 'numäro ...	φοράω νούμερο …
Sie sind zu eng/weit.	'inä po'li stä'na/far'ðja.	Είναι πολύ στενά/φαρδιά.

(mit) Absatz	mä ta'kuni	(με) τακούνι
Damenschuh	to jinä'kio pa'putsi	το γυναικείο παπούτσι
Gummistiefel	i lasti'chäniäs 'botäs	οι λαστιχένιες μπότες
Kinderschuhe	päði'ka pa'putsia	παιδικά παπούτσια
Leder-/Gummisohle	i ðär'matini/lasti'chänia 'sola	η δερμάτινη/λαστιχένια σόλα

Männerschuh	to anðri'ko pa'putsi	το ανδρικό παπούτσι
Mokassin	to moka'sini	το μοκασίνι
Sandalen	ta 'päðila	τα πέδιλα
Schuhe	ta pa'putsia	τα παπούτσια
Stiefel	i 'botäs	οι μπότες
Turnschuhe	aθliti'ka pa'putsja	αθλητικά παπούτσια
Wander-/Trekkingschuh	to pa'putsi päsopo'rias	το παπούτσι πεζοπορίας

■ SOUVENIRS | ta suwä'nir | Τα σουβενίρ

Ich hätte gern ... ein schönes Andenken. etwas Typisches aus dieser Gegend.	θa 'iθäla ... 'äna o'räo suwä'nir. 'äna charaktiristi'ko pro'jon af'tis tis pärio'chis.	Θα ήθελα … ένα ωραίο σουβενίρ. ένα χαρακτηριστικό προϊόν αυτής της περιοχής.
Ich möchte etwas nicht zu Teures.	'θälo 'kati 'ochi po'li akri'wo.	Θέλω κάτι όχι πολύ ακριβό.
Das ist aber hübsch.	po'li o'räo af'to.	Πολύ ωραίο αυτό.
Danke schön, ich habe nichts gefunden (, das mir gefällt).	äfxari'sto po'li, ðä 'wrika 'tipota (pu mu a'räsi).	Ευχαριστώ πολύ, δε βρήκα τίποτα (που μου αρέσει).

echt	'gnisios	γνήσιος
handgemacht	chiro'piitos	χειροποίητος
Keramik	i kärami'ki	η κεραμική
kitschig	kits	κιτς

> **www.marcopolo.de/griechisch**

Mitbringsel	to än'θimio	το ενθύμιο
griechisches Produkt	to älini'ko proi'jon	το ελληνικό προϊόν
kretische Spezialität	i kriti'ki späsiali'tä	η κρητική σπεσιαλιτέ
Schmuck	ta koz'mimata	τα κοσμήματα
Schnitzerei	to ksi'loglipto	το ξυλόγλυπτο
Stickerei	to 'kändima	το κέντημα
Töpferwaren	ta kärami'ka	τα κεραμικά

SCHREIBWAREN UND BÜCHER | charti'ka 'iði kä wi'wlia
Χαρτικά Είδη και Βιβλία

Ich hätte gern ...	θa 'iθäla ...	Θα ήθελα …
eine deutsche Zeitung.	mja järmani'ki äfimä'riða.	μια γερμανική εφημερίδα.
eine Zeitschrift.	'äna pärioði'ko.	ένα περιοδικό.
einen deutschen/englischen Roman.	'äna järmani'ko/angli'ko miθi'storima.	ένα γερμανικό/αγγλικό μυθιστόρημα.
einen Kriminalroman.	'äna astinomi'ko miθi'storima.	ένα αστυνομικό μυθιστόρημα.
einen Reiseführer.	'änan taksiðioti'ko oði'go.	έναν ταξιδιοτικό οδηγό.

Bleistift	to mo'liwi	το μολύβι
Briefmarke	to grama'tosimo	το γραμματόσημο
Briefpapier	to char'ti äpistologra'fias	το χαρτί επιστολογραφίας
Briefumschlag	o 'fakälos	ο φάκελος
Klebstoff	i 'kola	η κόλλα
Kochbuch	o oði'gos majiri'kis	ο οδηγός μαγειρικής
Kugelschreiber	to sti'lo	το στυλό
Landkarte	o 'chartis	ο χάρτης
Papier	to char'ti	το χαρτί
Postkarte	i 'karta	η κάρτα
Radiergummi	i 'swistra	η σβήστρα
Reiseführer	o taksiðioti'kos oði'gos	ο ταξιδιοτικός οδηγός
Spielkarten	i 'trapula	η τράπουλα
Stadtplan	o 'chartis tis 'polis	ο χάρτης της πόλης
Straßenkarte	o oði'kos 'chartis	ο οδικός χάρτης
Wanderkarte dieser Gegend	o 'chartis af'tis tis pärio'chis	ο χάρτης αυτής της περιοχής
Zeichenblock	to blok sografi'kis	το μπλόκ ζωγραφικής
Zeitschrift	to pärioði'ko	το περιοδικό
Zeitung	i äfimä'riða	η εφημερίδα

⟩ ZIMMER MIT AUSSICHT

Ob W-LAN im Hotel, die Kinderbetreuung in der Ferienanlage,
die Rechnung per Kreditkarte – alles nur eine Frage des Service.
Äußern Sie Ihre Wünsche!

AUSKUNFT

⟩ Reiseplanung: Seite 10 f.

Können Sie mir bitte ...	bo'ritä paraka'lo na mu	Μπορείτε παρακαλώ να μου
empfehlen?	si'stisätä ...	συστήσετε ...
ein Hotel	'äna ksänoðo'chio?	ένα ξενοδοχείο;
eine Pension	'mia pan'sjon?	μια πανσιόν;
ein Zimmer	'äna ðo'matio?	ένα δωμάτιο;
einen Campingplatz	'äna 'kambing?	ένα κάμπινγκ;
eine Jugendherberge	'änan ksä'nona ja 'näus?	έναν ξενώνα για νέους;

ÜBER NACHTEN

... IM HOTEL

■ REZEPTION | räsäpsi'on | Ρεσεψιόν ■■■■■■■■■■■■■

Ich habe bei Ihnen ein Zimmer reserviert. Mein Name ist ...	'äklisa 'äna ðo'matio sä sas. ono'mazomä ...	Έκλεισα ένα δωμάτιο σε σας. Ονομάζομαι ...
Haben Sie noch Zimmer frei?	'ächätä a'komi ðo'matia ä'läfθära?	Έχετε ακόμη δωμάτια ελεύθερα;
... für eine Nacht.	... ja mja 'nichta.	... για μια νύχτα.

... für zwei Tage.	... ja 'ðio 'märäs.	... για δύο μέρες.
... für eine Woche.	... ja mja äwðo'maða.	... για μια εβδομάδα.
Nein, wir sind leider vollständig belegt.	'ochi, ðisti'chos 'inä 'ola pja'smäna.	Όχι, δυστυχώς είναι όλα πιασμένα.
Ja, was für ein Zimmer wünschen Sie?	nä, ti ðo'matio äpiθi'mitä?	Ναι, τι δωμάτιο επιθυμείτε;
ein Einzelzimmer	'äna mo'noklino	ένα μονόκλινο
ein Zweibettzimmer	'äna 'ðiklino	ένα δίκλινο
mit Dusche/Bad	mä dus/lu'tro	με ντούς/λουτρό
ein ruhiges Zimmer	'äna 'isicho ðo'matio	ένα ήσυχο δωμάτιο
mit Blick aufs Meer	mä 'θäa pros ti 'θalasa	με θέα προς τη θάλασσα
Kann ich das Zimmer ansehen?	bo'ro na ðo to ðo'matio?	Μπορώ να δω το δωμάτιο;
Was kostet das Zimmer mit ...	'poso ko'stisi to ðo'matio mä ...	Πόσο κοστίζει το δωμάτιο με ...
Frühstück?	proi'no?	πρωινό;
Halbpension?	'mäna 'jäwma?	μ΄ένα γεύμα;
Vollpension?	mä 'pliräs faji'to?	με πλήρες φαγητό;
Wo ist das Restaurant?	pu 'inä to ästia'torio?	Πού είναι το εστιατόριο;
Könnten Sie mich bitte morgen früh um ... Uhr wecken?	ksi'pnistä mä paraka'lo 'awrio to pro'i stis ... i 'ora?	Ξυπνήστε με, παρακαλώ, αύριο το πρωί στις ... η ώρα.

 Frühstück: ESSEN UND TRINKEN auf Seite 48

■ BEANSTANDUNGEN | pa'rapona | Παράπονα

Das Zimmer ist nicht gereinigt worden.	to ðo'matio ðängaθa'ristikä.	Το δωμάτιο δεν καθαρίστηκε.
... funktioniert nicht.	... ðä litur'ji.	... δε λειτουργεί.
Es kommt kein (warmes) Wasser.	ðän 'ächi (sä'sto) nä'ro.	Δεν έχει (ζεστό) νερό.
Die Toilette ist verstopft.	i tua'läta 'inä wulo'mäni.	Η τουαλέτα είναι βουλωμένη.

■ ABREISE | anach'orisi | Αναχώρηση

Wann muss ich spätestens auschecken?	mäch'ri 'potä 'präpi na 'ächo 'fiji to ar'gotäro?	Μέχρι πότε πρέπει να έχω φύγει το αργότερο;
Ich möchte bitte auschecken.	θa 'iθäla na pli'roso ja na anacho'riso.	Θα ήθελα να πληρώσω για να αναχωρήσω.

> www.marcopolo.de/griechisch

Ich reise morgen um ... Uhr ab.	anacho'ro 'awrio stis ... i 'ora.	Αναχωρώ αύριο στις … η ώρα.
Nehmen Sie Kreditkarten?	bo'ro na pli'roso mä pistoti'ki 'karta?	Μπορώ να πληρώσω με πιστωτική κάρτα;
Vielen Dank für alles. Auf Wiedersehen.	äfchari'sto po'li ja 'ola. andio.	Ευχαριστώ πολύ για όλα. Αντίο.

Abendessen	to wraði'no faji'to	το βραδινό φαγητό
Adapter	o a'daptoras	ο αντάπτορας
Anmeldung	i 'ðilosi	η δήλωση
Badezimmer	to lu'tro	το λουτρό
Bett	to krä'wati	το κρεβάτι
Bettwäsche	ta sän'donia	τα σεντόνια
Dusche	to dus	το ντούς
Etage	o 'orofos	ο όροφος
Fernsehraum	i 'äθusa tilä'orasis	η αίθουσα τηλεόρασης
Frühstück	to proi'no	το πρωινό
Frühstücksraum	i 'äθusa proi'nu	η αίθουσα πρωινού
Halbpension	ðiamo'ni 'mäna 'jäwma	διαμονή μ´ένα γεύμα
Handtuch	i pä'tsäta	η πετσέτα
Hauptsaison	pä'rioðos äch'mis	περίοδος αιχμής

WIE DIE EINHEIMISCHEN

Insider Tipp

> **Bitte beachten**

Egal ob Hotelzimmer, Pension oder Ferienhaus, griechenlandweit gilt es eine Besonderheit zu beachten:
Wasser aus dem Wasserhahn in Küche oder Bad ist nicht unbedingt Trinkwasser, sondern kann z. B. in Zisternen gesammeltes Regenwasser sein, das sich zum Duschen, Geschirrspülen und Wäschewaschen uneingeschränkt eignet. Auch mit diesem Wasser sollte man möglichst sparsam umgehen und braucht auch nicht in Panik zu verfallen, falls man sich aus Versehen daraus einen Kaffee gekocht hat. Fragen Sie jedoch, ob es einen extra Hahn, eine Quelle oder einen Brunnen für Trinkwasser gibt «βρύση για πόσιμο νερό» ['wrisi ja 'posimo nä'ro]. Im Zweifelsfalle sollte man auf abgefülltes Tafelwasser zurückgreifen.

Heizung	i 'θärmansi	η θέρμανση
Kinderbetreuung	ä'piwläpsi pä'ðjon	επίβλεψη παιδιών
Klimaanlage	o klimati'smos	ο κλιματισμός
Kopfkissen	to maksi'lari	το μαξιλάρι
Lampe	i 'lamba	η λάμπα
Mittagessen	to mäsimäria'no faji'to	το μεσημεριανό φαγητό
Nachsaison	i mätasä'son	η μετασεζόν
Pension	i pansi'on	η πανσιόν
Portier	o θiro'ros	ο θυρωρός
Radio	to 'raðio	το ράδιο
reinigen	kaθa'riso	καθαρίζω
Reservierung	'klisimo ðoma'tiu	κλείσιμο δωματίου
Restaurant	to ästia'torio	το εστιατόριο
Rezeption	i räsäpsi'on	η ρεσεψιόν
Safe	to chrimatoki'wotjo	το χρηματοκιβώτιο
Schlüssel	to kli'ði	το κλειδί
Spiegel	o ka'θräftis	ο καθρέφτης
Steckdose	i 'brisa	η μπρίζα
Stecker	o räwmato'liptis	ο ρευματολήπτης
Toilette	i tua'läta	η τουαλέτα
Toilettenpapier	to char'ti i'jias	το χαρτί υγείας
Übernachtung (mit Frühstück)	i ðiani'ktäräfsi (mä proi'no)	η διανυκτέρευση (με πρωινό)
Vollpension	i 'pliris ðiatro'fi	η πλήρης διατροφή
Vorsaison	i prosä'son	η προσεζόν
Waschbecken	o ni'ptiras	ο νιπτήρας
Wasser	to nä'ro	το νερό
kaltes Wasser	to 'krio nä'ro	το κρύο νερό
warmes Wasser	to sä'sto nä'ro	το ζεστό νερό
Wasserhahn	i 'wrisi	η βρύση
Zimmer	to ðo'matio	το δωμάτιο

WIE DIE EINHEIMISCHEN

» Höchstpreis

In jedem griechischen Fremdenzimmer muss ein Aushang mit dem zulässigen Höchstpreis für das jeweilige Zimmer angebracht sein. Mehr darf Ihnen niemand abknöpfen, weniger schon: vor allem außerhalb der Saison und wenn Sie länger bleiben, sollten Sie zu handeln versuchen – es sei denn, Sie haben schon im Reisebüro alles bezahlt.

» www.marcopolo.de/griechisch

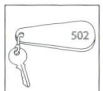    

    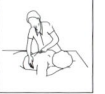

... IM FERIENHAUS

 Reiseplanung: Seite 10 f.

Ist der Stromverbrauch im Mietpreis enthalten?	pärilam'wanätä to 'räwma sto än'ikio?	Περιλαμβάνεται το ρεύμα στο ενοίκιο;
Sind Bettwäsche und Handtücher vorhanden?	'ächi sän'donja kä pä'tsätäs?	Έχει σεντόνια και πετσέτες;
Wo bekommen wir die Schlüssel für das Haus?	a'po pu θa'parumä ta kli'ðja tu spi'tju?	Από πού θα πάρουμε τα κλειδιά του σπιτιού;
Müssen wir die Endreinigung selbst übernehmen?	'präpi a'mis na ana'lawumä to täli'ko ka'θarisma?	Πρέπει εμείς να αναλάβουμε το τελικό καθάρισμα;

Anreisetag	i i'mära 'afiksis	η ημέρα άφιξης
Appartement	to ðia'märisma	το διαμέρισμα
Bettwäsche	ta sän'donia	τα σεντόνια
Bungalow	to banga'lou	το μπανγκαλόου
Endreinigung	to täli'ko ka'θarisma	το τελικό καθάρισμα
Ferienanlage	to turisti'ko si'ngrotima	το τουριστικό συγκρότημα
Ferienhaus	i turisti'ki kati'kia	η τουριστική κατοικία
Ferienwohnung	to turisti'ko ðia'märisma	το τουριστικό διαμέρισμα
Flaschenöffner	to ani'chtiri bukal'jon	το ανοιχτήρι μπουκαλιών
Handtuch	i pä'tsäta	η πετσέτα
Hausbesitzer	o iðio'ktitis spi'tju	ο ιδιοκτήτης σπιτιού
Kaution	i än'giisi	η εγγύηση
Kochnische	to kusi'naki	το κουζινάκι
Korkenzieher	to ani'chtiri	το ανοιχτήρι
Miete	to ä'nikio	το ενοίκιο
Müll	ta sku'piðja	τα σκουπίδια
Mülltrennung	o ðiachoris'mos apori'maton	ο διαχωρισμός απορριμμάτων
Nebenkosten	ta ki'nochrista	τα κοινόχρηστα
Schlafcouch	o kana'päs	ο καναπές
Schlafzimmer	to ipnoðo'matio	το υπνοδωμάτιο
Schlüssel	to kli'ði	το κλειδί
Strom	to 'rewma	το ρεύμα
vermieten	(ä)ni'kjaso	(ε)νοικιάζω
Wohnzimmer	to sa'loni	το σαλόνι

to pjato
το πιάτο

to po'tiri/ta po'tirja
το ποτήρι/τα ποτήρια

to fli'dzani/ta fli'dzanja
το φλιτζάνι/τα φλιτζάνια

i awgo'θiki
η αβγοθήκη

to pi'runi
το πιρούνι

to ku'tali
το κουτάλι

to ma'chäri
το μαχαίρι

to kuta'laki tu ka'fä
το κουταλάκι του καφέ

i ku'tala anaka'tämatos
η κουτάλα ανακατέματος

i 'spatula
η σπάτουλα

i mä'gali ku'tala
η μεγάλη κουτάλα

to chtipi'tiri
το χτυπητήρι

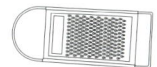

o 'triftis
ο τρίφτης

i 'plaka ko'pis
η πλάκα κοπής

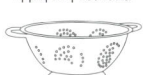

to suro'tiri
το σουρωτήρι

to 'miksär
το μίξερ

i katsa'rola
η κατσαρόλα

to ti'gani
το τηγάνι

to bol
το μπολ

i ku'zina mä 'gazi
η κουζίνα με γκάζι

o 'furnos
ο φούρνος

to psi'ʝio
το ψυγείο

to plin'dirio 'pjaton
το πλυντήριο πιάτων

to pli'ndirio
το πλυντήριο

o tachiwra'stiras
ο ταχυβραστήρας

i iläktri'ki kafä'tjära
η ηλεκτρική καφετιέρα

to 'filtro tu ka'fä
το φίλτρο του καφέ

i to'stjära
η τοστιέρα

i iläktri'ki 'skupa
η ηλεκτρική σκούπα

i sfunga'ristra
η σφουγγαρίστρα

to 'siðaro
το σίδερο

to ski'ni bu'gaðas
το σκοινί μπουγάδας

i 'skupa
η σκούπα

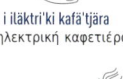

to fa'rasi
το φαράσι

to kaθaristi'ko
το καθαριστικό

o ku'was
ο κουβάς

... AUF DEM CAMPINGPLATZ

Deutsch	Transkription	Griechisch
Haben Sie noch Platz für einen Wohnwagen/ein Zelt?	i 'parchi a'komi 'choros ja 'äna tro'chospito/mja ski'ni?	Υπάρχει ακόμη χώρος για ένα τροχόσπιτο/μια σκηνή;
Wie hoch ist die Gebühr pro Tag und Person?	'posa 'inä ta 'äksoða 'ana 'atomo tin i'mära?	Πόσα είναι τα έξοδα άνα άτομο την ημέρα;
Wie hoch ist die Gebühr für ...	'posa 'inä ta 'äksoða ja ...	Πόσα είναι τα έξοδα για ...
Wir bleiben ... Tage/Wochen.	θa 'minumä ... 'märäs/äwðo'maðäs.	Θα μείνουμε ... μέρες/εβδομάδες.
Gibt es hier ein Lebensmittelgeschäft?	i'parchi ä 'ðo ba'kaliko?	υπάρχει εδώ μπακάλικο;
Wo sind ...	pu 'inä ...	Πού είναι ...
die Toiletten?	i tua'lätäs?	οι τουαλέτες;
die Waschräume?	ta lu'tra?	τα λουτρά;
Gibt es hier Stromanschluss?	i'parchi ä'ðo 'briza 'räwmatos?	Υπάρχει εδώ πρίζα ρεύματος;

Benutzungsgebühr	ta 'täli 'chrisis	τα τέλη χρήσης
Brennspiritus	to i'nopnäwma	το οινόπνευμα
Camping, Campingplatz	'kambing	κάμπινγκ
Dosenöffner	to ani'chtiri kon'särwas	το ανοιχτήρι κονσέρβας
Essbesteck	machäro'piruna	μαχαιροπίρουνα
Flaschenöffner	to ani'chtiri bukal'jon	το ανοιχτήρι μπουκαλιών
Gasflasche	i 'fjali igraä'riu	η φιάλη υγραερίου
Gaskocher	i ga'sjära	η γκαζιέρα
Geschirrspülbecken	o näro'chitis	ο νεροχύτης
Grill	i 'ßchara	η σχάρα
Grillkohle	'karwuna psistar'jas	κάρβουνα ψησταριάς
Kerzen	ta kär'ja	τα κεριά
Kinderspielplatz	i päði'ki cha'ra	η παιδική χαρά
Korkenzieher	to ani'chtiri	το ανοιχτήρι
leihen	ða'niso	δανείζω
Leihgebühr	ðanisti'ka 'täli	δανειστικά τέλη
Petroleum	to pä'träläo	το πετρέλαιο
Steckdose	i 'brisa	η μπρίζα
Strom	to 'räwma	το ρεύμα
Stromanschluss	i 'brisa 'räwmatos	η μπρίζα ρεύματος
Taschenmesser	o su'jas	ο σουγιάς
Trinkwasser	to 'posimo nä'ro	το πόσιμο νερό
Wasser	to nä'ro	το νερό
Wohnmobil	i trocho'wila	η τροχοβίλα
Wohnwagen	to tro'chospito	το τροχόσπιτο
Zelt	i ski'ni	η σκηνή

> *www.marcopolo.de/griechisch*

ÜBERNACHTUNG

... IN DER JUGENDHERBERGE

Kann ich bei Ihnen Bettwäsche/einen Schlafsack leihen?	bo'ritá na mu ða'nisätä sä'ndonja/'änan i'pnosako?	Μπορείτε να μου δανείσετε σεντόνια/έναν υπνόσακκο;
Die Eingangstür wird um 24 Uhr abgeschlossen.	i kändri'ki 'isoðos 'klini stis 'ðoðäka ti 'nichta.	Η κεντρική είσοδος κλείνει στις 12 τη νύχτα.

Bettwäsche	ta sän'donia	τα σεντόνια
Dusche	to dus	το ντούς
Heizung	i 'θärmansi	η θέρμανση
Internet	to 'indärnät	το ίντερνετ
Jugendherberge	ksä'nonas 'näon	ο ξενώνας νέων
Jugendherbergsausweis	i 'karta ksä'nona 'näon	η κάρτα ξενώνα νέων
Kopfkissen	to maksi'lari	το μαξιλάρι
Küche	i ku'zina	η κουζίνα
Schlafsaal	o 'θalamos 'ipnu	ο θάλαμος ύπνου
Schlafsack	to 'sliping bag	το σλίπινγκ μπαγκ
Toilette	i tua'läta	η τουαλέτα
Waschraum	to ki'no 'banjo	το κοινό μπάνιο
Zimmer	to ðo'matio	το δωμάτιο

WIE DIE EINHEIMISCHEN

Insider Tipps

Heiße Bitte

Außerhalb der Saison können griechische Gästezimmer ziemlich kühl und klamm werden, da sie für die warme Jahreszeit ausgestattet sind. Es ist kein Problem, eine zusätzliche Decke («κουβέρτα») zu erhalten, schwieriger wird es mitunter, wenn Sie eine Heizung («σόμπα») wünschen. Vielleicht lässt sich Ihr Vermieter ja mit ein paar Komplimenten erweichen und stellt Ihnen eine elektrische Heizung ins Zimmer.

Dach überm Kopf

Sie nennen sich „Youth Hostels" und treten eigentlich nur in Großstädten auf, wo sie wegen der dort teuren Hotelzimmer für Leute mit schmalem Geldbeutel die einzige Möglichkeit für ein Dach über dem Kopf bilden. Mit Jugendherbergen, wie wir sie kennen, haben sie allerdings wenig zu tun, und sie können auch nicht unbedingt empfohlen werden.

> WAS UNTERNEHMEN WIR?

Ob authentischer Kochkurs, aufregender Trekking-Ausflug oder großer Theaterabend: Lassen Sie sich von den nächsten Seiten helfen, jede Menge Urlaubsabenteuer zu erleben.

AUSKUNFT

Ich möchte einen Stadtplan von ... haben.	'θälo 'äna 'charti poläos ja ...	Θέλω ένα χάρτη πόλεως για …
Welche Sehenswürdigkeiten gibt es hier?	ti aksio'θäata i'parchun ä'ðo?	Τι αξιοθέατα υπάρχουν εδώ;
Gibt es Stadtrundfahrten?	i'parchun pärii'gisis stim 'boli?	Υπάρχουν περιηγήσεις στην πόλη;
Was kostet die Rundfahrt?	'poso ko'stisi o 'jiros?	Πόσο κοστίζει ο γύρος;

VOLLES PROGRAMM

SEHENSWÜRDIGKEITEN/MUSEEN

Wann ist das Museum geöffnet?	'potä 'inä ani'chto to mu'sio?	Πότε είναι ανοιχτό το μουσείο;
Wann beginnt die Führung?	'potä ar'chisi i ksä'najisi?	Πότε αρχίζει η ξενάγηση;
Gibt es auch eine Führung auf Deutsch/Englisch?	i'parchi kä ksä'najisi sta järmani'ka/angli'ka?	Υπάρχει και ξενάγηση στα γερμανικά/αγγλικά;
Ist das …?	'inä …?	Είναι …;

Altar	o wo'mos	ο βωμός
Altstadt	to istori'ko 'kändro	το ιστορικό κέντρο
Architektur	i architäktoni'ki	η αρχιτεκτονική
Ausflug	i äkðro'mi	η εκδρομή
Ausgrabungen	i anaska'fäs	οι ανασκαφές
Ausstellung	i 'äkθäsi	η έκθεση
Besichtigung	i ä'piskäpsi	η επίσκεψη
Bild	i i'kona	η εικόνα
Bildhauer	o 'gliptis	ο γλύπτης
Burg	to 'kastro	το κάστρο
Denkmal	to mni'mio	το μνημείο
Dom	i mi'tropoli	η μητρόπολη
dorisch	ðori'kos	δωρικός
Festung	to 'kastro	το κάστρο
Fremdenführer	o ksäna'gos	ο ξεναγός
Friedhof	to näkrota'fio	το νεκροταφείο
Führung	i ksä'najisi	η ξενάγηση
Gebäude	to 'ktirio	το κτίριο
Gemälde	o 'pinakas	ο πίνακας
griechisch	älini'kos	ελληνικός
Innenstadt	to 'kändro	το κέντρο
ionisch	ioni'kos	ιωνικός
Kaiser/in	o afto'kratoras /	ο αυτοκράτορας /
	i afto'kratira	η αυτοκράτειρα
Kapelle	to parä'klisi	το παρεκκλήσι
Kathedrale	i mi'tropoli	η μητρόπολη
Kirche	i' äkli'sia	η εκκλησία

WIE DIE
EINHEIMISCHEN

Insider Tipp

▶ Fundgruben

Archäologisch bildet Griechenland wohl die vielschichtigste Region Europas, angefangen in der vorgriechischen Zeit über die klassische Periode der griechischen Antike und den Hellenismus, Byzanz, das osmanische Reich bis hin zur Befreiung von der Türkenherrschaft und der Bildung Griechenlands als Nationalstaat. Abgesehen von den vielen spektakulären und weltweit bekannten Architekturdenkmälern gibt es aber praktisch auch auf jedem Hügel einen Tempel oder eine Kirche und in fast jeder Senke ließe sich eine Grabungsstätte anlegen.

▶ *www.marcopolo.de/griechisch*

VOLLES PROGRAMM

König/in	o wasil'jas / i wa'silisa	ο βασιλιάς /η βασίλισσα
korinthisch	korinθia'kos	κορινθιακός
Malerei	i sografi'ki	η ζωγραφική
Maler/in	o/i so'grafos	ο/η ζωγράφος
Museum	to mu'sio	το μουσείο
Palast	to pa'lati	το παλάτι
Plastik	to glip'to	το γλυπτό
Platz	i pla'tia	η πλατεία
Rathaus	to ðimar'chio	το δημαρχείο
Religion	i θris'kia	η θρησκεία
Restaurierung	i anapa'läosi	η αναπαλαίωση
Ruine	to ä'ripio	το ερείπιο
Sehenswürdigkeiten	ta aksio'θäata	τα αξιοθέατα
Stadtrundfahrt	o 'jiros tis 'polis	ο γύρος της πόλης

AUSFLÜGE

Wann treffen wir uns?	'potä θa sinandi'θumä?	Πότε θα συναντηθούμε;
Wo fahren wir los?	pu 'inä i ana'chorisi?	Πού είναι η αναχώρηση;
Kommen wir am/an ... vorbei?	θa pär'asum a'po ...?	Θα περάσουμε από ...;
Besichtigen wir auch ...?	θa äpiskä'ftumä kä ...?	Θα επισκεφτούμε και ...;
Wann fahren wir zurück?	'potä θa äpi'sträpsumä?	Πότε θα επιστρέψουμε;

Ausflug	i äkðro'mi	η εκδρομή
Aussichtspunkt	to si'mio panorami'kis 'θäas	το σημείο πανοραμικής θέας
Berg	to wu'no	το βουνό
Bergdorf	to ori'no chor'jo	το ορεινό χωριό
Fischerhafen	to psaro'limano	το ψαρολίμανο
Fischerort	to psaro'chori	το ψαροχώρι
Fluss	to po'tami	το ποτάμι
Freilichtmuseum/-theater	to i'päθrio mu'sio/'θäatro	το υπαίθριο μουσείο/θέατρο
Gebirge	i orosi'ra	η οροσειρά
Geländewagen	to tzip	το τζιπ
Grotte	i spil'ja	η σπηλιά
Höhle	i spil'ja	η σπηλιά
Inselrundfahrt	o 'jiros tu nis'ju	ο γύρος του νησιού
Landesinnere	i änðo'chora	η ενδοχώρα
Landschaft	to to'pio	το τοπίο
Markt	i ago'ra	η αγορά
Markthalle	i sto'a ago'ras	η στοά αγοράς
Meer	i 'θalasa	η θάλασσα
Quelle	i pi'ji	η πηγή

Pass	i ˈðjawasi	η διάβαση
Plantagen	i fiˈtiäs	οι φυτείες
Rundfahrt	o ˈjiros	ο γύρος
Schlucht	to faˈrangi	το φαράγγι
See	i ˈlimni	η λίμνη
Tagesausflug	i imäˈrisja äkðroˈmi	η ημερήσια εκδρομή
Tal	i kiˈlaða	η κοιλάδα
Wald	to ˈðasos	το δάσος
Wasserfall	o kataˈraktis	ο καταρράκτης
Zoo	o soolojiˈkos ˈkipos	ο ζωολογικός κήπος

AM ABEND

■ CLUB | to klab | το κλαμπ

Gibt es hier eine gemütliche Taverne?	iˈparchi äˈðo taˈwärna mä oˈräa atˈmosfära?	Υπάρχει εδώ ταβέρνα με ωραία ατμόσφαιρα;
Wo kann man hier tanzen gehen?	pu boˈri na ˈpai kaˈnis äˈðo ja choˈro?	Πού μπορεί να πάει κανείς εδώ για χορό;
Welche Musikrichtung wird hier gespielt?	ti ˈiðos musiˈkis ˈpäzätä äˈðo?	Τι είδος μουσικής παίζεται εδώ;
Ist Abendgarderobe erwünscht?	apäˈtitä wraðiˈno ˈänðima?	Απαιτείται βραδινό ένδυμα;
Ein Whisky-Soda, bitte.	ˈäna ˈuiski mä ˈsoða, parakaˈlo.	Ένα ουίσκυ με σόδα, παρακαλώ.
Diese Runde übernehme ich.	ˈtora kärˈnao äˈgo.	Τώρα κερνάω εγώ.
Wollen wir tanzen?	ˈðälätä na choˈräpsumä?	Θέλετε να χορέψουμε;

ausgehen	ˈwjäno ˈäkso	βγαίνω έξω
Band	to siˈngrotima	το συγκρότημα
Bar	to bar	το μπαρ
Club/Diskothek	to klab/i ˈdisko	το κλαμπ/η ντίσκο
DJ	o/i di ˈdzäi	ο/η ντι-τζέι
Folklore	to folkˈlor	το φολκλόρ
Kneipe	to magaˈsi	το μαγαζί
Live-Musik	i sondaˈni musiˈki	η ζωντανή μουσική
Nachtclub	to baˈraki	το μπαράκι
Party	to ˈparti	το πάρτι
Show	to ˈsou	το σόου
Spielcasino	to kaˈsino	το καζίνο
tanzen	choˈräwo	χορεύω
Türsteher	o ˈbrawos	ο μπράβος

> www.marcopolo.de/griechisch

VOLLES PROGRAMM

Haben Sie einen Veranstaltungskalender für diese Woche?	'achätä 'programa äkδi'losäon ja'fti tin äwδo'maδa?	Έχετε πρόγραμμα εκδηλώσεων γι΄αυτή την εβδομάδα;
Welches Stück wird heute Abend (im Theater) gespielt?	ti 'päsätä 'simära to 'wraδi (sto 'θaatro)?	Τι παίζεται σήμερα το βράδυ (στο θέατρο);
Können Sie mir ein gutes Theaterstück empfehlen?	bo'ritä na mu si'stisätä 'äna ka'lo θäatri'ko 'ärgo?	Μπορείτε να μου συστήσετε ένα καλό θεατρικό έργο;
Wann beginnt die Vorstellung?	'potä ar'chisi i pa'rastasi?	Πότε αρχίζει η παράσταση;
Wo bekommt man Karten?	'pu po'lunδä isi'tiria?	Πού πωλούνται εισιτήρια;
Bitte zwei Plätze zu ...	paraka'lo, 'δio 'θäsis ton ...	Παρακαλώ, δύο θέσει των …

WIE DIE EINHEIMISCHEN

Insider Tipp

> **Nachtleben**

Griechen scheinen wie geboren für Musik und Tanz. Da ist es eigentlich fast egal, ob es sich um echte Volksmusik und authentische Volkstänze (es gibt an die fünfzig verschiedene), um Rebetika, griechische Unterhaltungsschlager oder um moderne Rockmusik bis hin zu Hip Hop, Techno, Rave oder House handelt. Heute findet man große Diskotheken mit Jungle und Ambient im Programm ebenso wie kleinere Dub- und Reggaeclubs.

Eine Besonderheit im Nachtleben Griechenlands stellen die «νυχτερινά κέντρα» [nichteri'na 'kändra] dar, Vergnügungszentren mit Livemusik. Gespielt werden «λαϊκά» [lai'ka], volkstümliche Schlager, bei denen es richtig zur Sache geht. Die Bandbreite des gebotenen Programms reicht vom lustigen Nonsens-Tagesschlager über dramatische «ζεϊμπέκικα» [säï'bäkika] mit auf der Tanzfläche zerschmissenen Tellern bis hin zu triefenden Superschnulzen, von den Griechen ironisch als «σκυλά-δικα» [ski'laδika] bezeichnet, also eine Art „Hundelieder". Leute, die es gern trashig haben, werden hier voll auf ihre Kosten kommen, müssen aber auch einiges dafür hinblättern. Auf dem Höhepunkt wird dann auch der «τσιφτετέλι» [tsiftä'täli] zelebriert, eine kleinasiatische Variante des Bauchtanzes, wobei nicht selten auf den Tischen getanzt wird.

Ansonsten: Wer jede Nacht seine Party braucht, sollte es einmal mit den Inseln *Mykonos* oder *Ios* versuchen.

Kann ich bitte ein Programm haben?	bo'ro na 'ächo 'äna 'programa, paraka'lo?	Μπορώ να έχω ένα πρόγραμμα, παρακαλώ;
Wo ist die Garderobe?	'pu 'inä i gardä'roba?	Πού είναι η γκαρντερόμπα;
Ballett	to ba'läto	το μπαλέτο
Eintrittskarte	to isi'tirio	το εισιτήριο
Festival	to fästi'wal	το φεστιβάλ
Film	i tä'nia	η ταινία
Kasse	to ta'mio	το ταμείο
Kino	to sinä'ma	το σινεμά
Konzert	i sinaw'lia	η συναυλία
Musical	to 'mjusikal	το μιούζικαλ
Oper	i 'opära	η όπερα
Premiere	i prämi'ära	η πρεμιέρα
Programm/Programmheft	to 'programa/	το πρόγραμμα
Prozession/Umzug	i lita'nia/i pom'bi	η λιτανεία/η πομπή
Schauspiel	to θäatri'ko 'ärgo	το θεατρικό έργο
Theater	to 'θäatro	το θέατρο
Veranstaltungskalender	to 'programa äkδi'losäon	το πρόγραμμα εκδηλώσεων
Vorstellung	i pa'rastasi	η παράσταση
Vorverkauf	i pro'polisi	η προπώληση

■ FESTE/VERANSTALTUNGEN | jor'täs/äkδi'losis | Γιορτές/Εκδηλώσεις ■

Könnten Sie mir bitte sagen, wann das ...-Festival stattfindet?	θa bo'rusatä na mu 'pitä 'potä θa 'jini to fästi'wal?	Θα μπορούσατε να μου πείτε πότε θα γίνει το φεστιβάλ ...;
vom ... bis ...	a'po tis ... 'mächri tis ...	από τις ... μέχρι τις ...
jedes Jahr im August	'kaθ 'chrono ton 'awgusto	κάθε χρόνο τον Αύγουστο
alle 2 Jahre	'kaθä 'δio 'chronia	κάθε δύο χρόνια
Kann jeder teilnehmen?	bo'ri na simä'tächi o ka'θänas?	Μπορεί να συμμετέχει ο καθένας;
Blaskapelle	i 'banda	η μπάντα
Dorffest	to pani'jiri	το πανηγύρι
Festival	to fästi'wal	το φεστιβάλ
Feuerwerk	ta pirotäch'nimata	τα πυροτεχνήματα
Flohmarkt	to pa'zari mätachiriz'mänon i'δon	το παζάρι μεταχειρισμένων ειδών
Jahrmarkt/Kirmes	to pani'jiri	το πανηγύρι
Karneval	to karna'wali	το καρναβάλι
Olympische Spiele	i olimbia'ki a'gonäs	οι Ολυμπιακοί Αγώνες m
Prozession	i lita'nia	η λιτανεία

> *www.marcopolo.de/griechisch*

VOLLES PROGRAMM

Umzug	i pom'bi	η πομπή
Volksmarkt	i lai'ki ago'ra	η λαϊκή αγορά
Zirkus	to 'tsirko	το τσίρκο

STRAND UND SPORT

■ AM STRAND | stim bara'lia | Στην παραλία

Ist die Strömung stark?	'ächi ðina'ta 'räwmata?	Έχει δυνατά ρεύματα;
Ist es für Kinder gefährlich?	'inä äpi'kinðino ja pä'ðja?	Είναι επικίνδυνο για παιδιά;
Gibt es hier Seeigel/Quallen?	i'parchun ä'ðo achi'ni/ 'mäðusäs?	Υπάρχουν εδώ αχινοί/ μέδουσες;

Badebucht	i para'lia ja ko'limbi	η παραλία για κολύμπι
Badestrand	i para'lia	η παραλία
Dusche	to dus	το ντούς
FKK-Strand	i a'kti jimni'ston	η ακτή γυμνιστών
Kiosk	to pä'riptero	το περίπτερο

WIE DIE EINHEIMISCHEN

Insider Tipps

▶ Viel Theater

Landesweit gibt es viele in die Natur hineingebaute Freilufttheater, oft Amphitheater, aber auch Felsen- oder Burgtheater, die in der Sommersaison von reisenden Theatergruppen bespielt werden – natürlich meist auf Griechisch oder sogar auf Altgriechisch. Eine besondere Attraktion für Kinder bildet das noch aus der Türkenzeit stammende Schattentheater mit der Hauptfigur Karagöz «καραγκιόζης» [kara'giosis], das von einer Handvoll meist jugendlicher durchs Land reisender Enthusiasten am Leben erhalten wird (übrigens ein früher Vorläufer des Zeichentrickfilms). Etwas leichter hat es der Tourist im Kino: die meisten Filme stammen aus Hollywood und laufen auf Englisch mit griechischen Untertiteln.

In der gesamten Sommersaison finden sehr häufig Freiluftkonzerte bekannter griechischer Musiker statt. Übrigens: Falls in Ihrer Gegend mal ein «πανηγύρι» [pani'jiri] (Kirmes) stattfinden sollte, verpassen Sie es bloß nicht. Musik und Tanz sind jedenfalls immer dabei, und oft kommt auch die örtliche Volkstanzgruppe mit ihren Trachten zum Zuge.

Nichtschwimmer (Schild)	mi kolimwi'täs	Μη κολυμβητές
Qualle	i 'mäðusa	η μέδουσα
Sand	i 'amos	η άμμος
Schwimmen	i ko'limwisi	η κολύμβηση
Schwimmer	o kolimwi'tis	ο κολυμβητής
Sonnenschirm	i o'mbräla θa'lasis	η ομπρέλα θαλάσσης
Strömung	to 'räwma	το ρεύμα
Umkleidekabinen für Damen/ Herren	i ka'binäs jinä'kon/ an'ðron	οι καμπίνες γυναικών/ ανδρών;
Windschirm	o anämo'fraktis	ο ανεμοφράκτης

■ AKTIVURLAUB/SPORT | ðiako'päs ja ðra'stirius/spor
Διακοπές για Δραστήριους/Σπορ

Welche Sportmöglichkeiten gibt es hier?	ti ðina'totitäs 'aθlisis i'parchun ä'ðo?	Τι δυνατότητες άθλησης υπάρχουν εδώ;
Gibt es hier ein ...	i'parchi ä'ðo ...	Υπάρχει εδώ …
Wo kann ich ... ausleihen?	pu bo'ro na ðani'sto ...?	Πού μπορώ να δανειστώ …;
Kann ich mitspielen?	bo'ro na 'päkso kä'go?	Μπορώ να παίξω κι εγώ;
Ich möchte einen ...kurs machen.	'θälo na 'kano ma'θimata ...	Θέλω να κάνω μαθήματα …

Eintrittskarte	to isi'tirio	το εισιτήριο
Ergebnis	to apo'täläsma	το αποτέλεσμα
gewinnen	kär'ðiso	κερδίζω
Halbzeit	to i'michrono	το ημίχρονο
Kasse	to ta'mio	το ταμείο
Kurs	to 'tmima	το τμήμα
Mannschaft	i o'maða	η ομάδα
Niederlage	i 'ita	η ήττα
Rennen	to 'träksimo	το τρέξιμο
Schiedsrichter	o ðiäti'tis	ο διαιτητής
Sieg	in 'niki	η νίκη
Spiel	to pä'chniði	το παιχνίδι
verlieren	'chano	χάνω
Wettkampf	o a'gonas	ο αγώνας

WASSERSPORT to θa'lasio spor το θαλάσσιο σπορ
Bootsführerschein	i 'aðia o'ðijisis 'skafus	η άδεια οδήγησης σκάφους
Bootsverleih	äni'kiasi ska'fon	ενοικίαση σκαφών
Freibad	i ani'chti pi'sina	η ανοιχτή πισίνα
Kanu/Paddelboot	to ka'no	το κανό
Motorboot	i wänsi'nakatos	η βενζινάκατος

> *www.marcopolo.de/griechisch*

VOLLES PROGRAMM

Regatta	i lämwoðro'mia	η λεμβοδρομία
Rückholservice	i ipirä'sia äpistro'fis	η υπηρεσία επιστροφής
Ruderboot	i 'warka mä ku'pja	η βάρκα με κουπιά
Rudern	i kopila'sia	η κωπηλασία
Schlauchboot	i lasti'chänia 'warka	η λαστιχένια βάρκα
Segelboot	to istio'foro	το ιστιοφόρο
Segeln	i istioplo'ia	η ιστιοπλοΐα
Segelschule	i ßcho'li istioplo'ias	η σχολή ιστιοπλοΐας
Segeltörn	i 'kursa istioplo'ias	η κούρσα ιστιοπλοΐας
Surfbrett	i sa'niða tu 'särfing	η σανίδα του σέρφινγκ
Surfen	to (u'ind) 'särfing	το (γουίντ) σέρφινγκ
Surfschule	i ßcho'li 'särfing	η σχολή σέρφινγκ
Tretboot	to θa'lasio po'ðilato	το θαλάσσιο ποδήλατο
Wasserski	to θa'lasio ski	το θαλάσσιο σκι
windsurfen	'kano u'ind 'särfing	κάνω γουίντ-σέρφινγκ

TAUCHEN i ka'taðisi η κατάδυση

Gerätetauchen	i ka'taðisi mä kataðiti'käs siskä'wäs	η κατάδυση με καταδυτικές συσκευές
Neoprenanzug	i sto'li näo'prän	η στολή νεοπρέν
Sauerstoffgerät	i siskä'wi paro'chis oksi'gonu	η συσκευή παροχής οξυγόνου
Schnorchel	o anapnäf'stiras	ο αναπνευστήρας
schnorcheln	vu'to mä anapnäf'stira	βουτώ με αναπνευστήρα
Schwimmflossen	ta watracho'päðila	τα βατραχοπέδιλα
tauchen	wu'to	βουτώ
Taucherausrüstung	o äksopli'smos kata'ðisäon	ο εξοπλισμός καταδύσεων

WIE DIE EINHEIMISCHEN

›› Strände

Ein Strand wird von den Griechen gewöhnlich als «παραλία» [para'lia] bezeichnet. Oft sind diese Strände recht steinig. Der – leider seltene – Sandstrand heißt «αμμουδιά» [amu'ðja].

Außer im Fall von Strandbädern, die Eintritt kosten, sind die Badestellen unbewacht. Gehen Sie bei starkem Wellengang nicht zu tief hinein, denn mitunter entwickeln sich starke Strömungen («ρεύματα» [räw'mata]). Und haben Sie stets ein Auge auf die Kinder.

| Taucherbrille | i 'maska (kata'ðisäon) | η μάσκα (καταδύσεων) |
| Tauchschule | i ßcho'li ka'taðisis | η σχολή κατάδυσης |

ANGELN to 'psaräma mä ka'lami το ψάρεμα με καλάμι

Wo kann man hier angeln?	'pu bo'ri ka'nis ä'ðo na psa'räpsi?	Πού μπορεί κανείς εδώ να ψαρέψει;
Angel	to ka'lami	το καλάμι
angeln	psa'räwo (mä ka'lami)	ψαρεύω (με καλάμι)
Angelschein	i'aðia psa'rämatos	η άδεια ψαρέματος
Hochseefischen	to 'psaräma anich'tis 'ßalasas	το ψάρεμα ανοιχτής θάλασσας
Köder	to 'ðoloma	το δόλωμα
Schonzeiten	i po'chäs apa'goräwsis psa'rämatos	οι εποχές απαγόρευσης ψαρέματος

BALLSPIELE ta päch'niðia mä 'bala τα παιχνίδια με μπάλα

Ball	i 'bala	η μπάλα
Basketball	to 'baskät	το μπάσκετ
Fußball	to po'ðosfäro	το ποδόσφαιρο
Fußballspiel	o poðosfäri'kos a'gonas	ο ποδοσφαιρικός αγώνας
Handball	to 'chandbol	το χάντμπολ
Netz	to 'ðichti	το δίχτυ
Spiel	to pä'chniði	το παιχνίδι
Tor	to gol	το γκολ
Torwart	o tärmato'filakas	ο τερματοφύλακας
Volleyball	to 'woläi	το βόλεϊ

TENNIS UND ÄHNLICHES to 'tänis kä pa'romia το τένις και παρόμοια

Badminton	to 'badmindon	το μπάντμιντον
Doppel	to ði'plo	το διπλό
Einzel	to a'plo	το απλό
Schläger	i ra'käta	η ρακέτα
Squash	sku'os	σκουός
Tennis	to 'tänis	το τένις
Tennisschläger	i ra'käta tu 'tenis	η ρακέτα του τένις
Tennishalle	i 'äßusa 'tänis	η αίθουσα τένις
Tennisplatz	to 'jipäðo 'tänis	το γήπεδο τένις
Tischtennis	to 'pingpong	το πίνγκ-πόνγκ

FITNESS- UND KRAFTTRAINING i pro'ponisi 'formas kä 'ðinamis η προπόνηση φόρμας και δύναμης

Aerobic	to aä'robik	το αερόμπικ
Fitnesscenter	to jimnas'tirio	το γυμναστήριο
joggen	'kano 'tsoging	κάνω τζόγκινγκ

VOLLES PROGRAMM

Krafttraining	i pro'ponisi 'ðinamis	η προπόνηση δύναμης
Konditionstraining	i pro'ponisi ando'chis	η προπόνηση αντοχής
Yoga	i 'joga	η γιόγκα

WELLNESS i äwäk'sia η ευεξία

Dampfbad	to at'molutro	το ατμόλουτρο
Massage	to ma'saz	το μασάζ
Sauna	i 'sauna	η σάουνα
Solarium	to so'larium	το σολάριουμ
Whirlpool	to dza'kuzi	το τζακούζι

RADFAHREN i poðila'sia η ποδηλασία

Fahrrad	to po'ðilato	το ποδήλατο
Fahrradhelm	to 'kranos poði'latu	το κράνος ποδηλάτου
Fahrradweg	o poðila'toðromos	ο ποδηλατόδρομος
Flickzeug	ili'ka ja 'baloma sam'brälas	υλικά για μπάλωμα σαμπρέλας
Luftpumpe	i 'tromba	η τρόμπα
Mountainbike	to po'ðilato 'maundän	το (ποδήλατο) μάουντεν
Rad fahren	poðila'to	ποδηλατώ
Radtour	i ðiaðro'mi poðila'sias	η διαδρομή ποδηλασίας
Rennrad	to po'ðilato 'ðromu	το ποδήλατο δρόμου
Schlauch	i sam'bräla	η σαμπρέλα

WANDERN UND BERGSTEIGEN i päzopo'ria kä oriwa'sia η πεζοπορία και ορειβασία

Ich möchte eine Bergtour machen.	'θälo na 'kano 'äna 'jiro sta wu'na.	Θέλω να κάνω ένα γύρο στα βουνά.
Können Sie mir eine interessante Route auf der Karte zeigen?	bo'ritä na mu 'ðiksätä sto 'charti mja änðia'färusa ðiaðro'mi?	Μπορείτε να μου δείξετε στο χάρτη μια ενδιαφέρουσα διαδρομή;

WIE DIE EINHEIMISCHEN

Insider Tipp

►► Tipps für Wanderer

Wer längere Strecken wandert, sollte stets eine Karte, eine Flasche Wasser und ein Mobiltelefon (mit der Nummer des Hotels, eines Taxifahrers o. Ä.) dabeihaben. Wer außerhalb der Sommersaison unterwegs ist, sollte unbedingt auch einen Kompass mitnehmen, weil man nicht selten von einem derart dichten Nebel überrascht werden kann, dass man seine ausgestreckte Hand nicht mehr sieht.

Bergführer	o oði'gos äkðro'mäon sto wu'no	ο οδηγός εκδρομέων στο βουνό
Fernwanderweg	to päsopori'ko mono'pati	το πεζοπορικό μονοπάτι
Route	i ðiaðro'mi	η διαδρομή
Seilbahn	to tälä'fä'rik	το τελεφερίκ
Sicherungsseil	to ßchi'ni asfa'lias	το σχοινί ασφαλείας
Tagestour	i imä'risia äkðro'mi	η ημερήσια εκδρομή
Wanderkarte	o oðipori'kos 'chartis	ο οδοιπορικός χάρτης
Wanderweg	o 'ðromos päso'porias	ο δρόμος πεζοπορίας

REITEN i ipa'sia η ιππασία

Ausritt	i ipa'sia	η ιππασία
Pferd	to 'alogo	το άλογο
reiten	i'päwo	ιππεύω
Reitschule	i ßcho'li ipa'sias	η σχολή ιππασίας
Reitsport	i ipa'sia	η ιππασία

GOLF to golf το γκολφ

18-Loch-Platz	to 'jipäðo mä 'ðäka och'to 'tripäs	το γήπεδο με δέκα οχτώ τρύπες
Golf	to golf	το γκολφ
Golfschläger	to ba'stuni tu golf	το μπαστούνι του γκολφ
Greenfee	i ti'mi ja 'äna päch'niði	η τιμή για ένα παιχνίδι
Parcours	i ðiaðro'mi	η διαδρομή

IN DER LUFT ston a'ära Στον αέρα

Drachenfliegen	i 'ptisi mä aä'to	η πτήση με αετό
Fallschirmspringen	i 'ptosi mä alä'ksiptoto	η πτώση με αλεξίπτωτο
Gleitschirm	to äo'roptäro	το αιωρόπτερο
Paragliding	i äoropo'ria	η αιωροπορία
Segelfliegen	i 'ptisi mä anä'moptäro	η πτήση με ανεμόπτερο

WINTERURLAUB i chimäri'näs ðiako'päs οι χειμερινές διακοπές

Eine Tageskarte, bitte.	'mia imä'risia 'karta, paraka'lo.	Μία ημερήσια κάρτα, παρακαλώ.
Bergstation	to (chjonoðromi'ko) kata'fijio	το (χιονοδρομικό) καταφύγιο
Eislauf	i pagoðro'mia	η παγοδρομία
Gondel	to wa'goni	το βαγόνι
Langlaufski	to ski 'ðromu ando'chis	το σκι δρόμου αντοχής
Lift	o anälkis'tiras chiono'ðromon	ο ανελκυστήρας χιονοδρόμων
Schlitten	to 'älkiθro	το έλκηθρο

> *www.marcopolo.de/griechisch*

VOLLES PROGRAMM

Schlitten fahren	'pao mä 'älkiθro	πάω με έλκηθρο
Sessellift	lift mä ka'θismata	λιφτ με καθίσματα
Schlittschuhe	ta pago'päðila	τα παγοπέδιλα
Ski	to ski	το σκι
Skilaufen	'kano ski	κάνω σκι
Skibindung	i 'ðästra tu ski	η δέστρα του σκι
Skibrille	ta jal'ja ski	τα γυαλιά σκι
Skikurs	ta ma'θimata ski	τα μαθήματα σκι
Skilehrer/in	o 'ðaskalos/i ða'skala tu ski	ο δάσκαλος/η δασκάλα του σκι
Skistöcke	ta ba'stunia tu ski	τα μπαστούνια του σκι
Snowboard	to 'snoubord	το snowboard
Schnee	to 'chjoni	το χιόνι
Talstation	to kata'fijio 'vasis	το καταφύγιο βάσης

KURSE | ta 'tmimata | τα τμήματα

Ich möchte ... belegen.	θa 'iθäla na 'kano ...	Θα ήθελα να κάνω …
einen Griechischkurs	'äna 'tmima älini'kon	ένα τμήμα ελληνικών
für Anfänger	ja archa'rius	για αρχαρίους.
für Fortgeschrittene	ja prochori'mänus	για προχωρημένους.
Sind Vorkenntnisse erforderlich?	chri'asondä projä'nästäräs 'gnosis?	Χρειάζονται προγενέστερες γνώσεις;
Wie viele Stunden sind pro Tag vorgesehen?	'posäs 'oräs θa 'inä tin i'mära?	Πόσες ώρες θα είναι την ημέρα;
Bis wann muss man sich anmelden?	'mächri 'potä 'präpi ka'nis na graf'ti?	Μέχρι πότε πρέπει κανείς να γραφτεί;
Sind die Materialkosten inklusive?	simbärilam'wanondä ta 'äksoða ili'kon stin di'mi?	Συμπεριλαμβάνονται τα έξοδα υλικών στην τιμή;
Was ist mitzubringen?	ti 'präpi na 'ächum ma'zi mas ja to 'maθima?	Τι πρέπει να έχουμε μαζί μας για το μάθημα;

(Akt-)Malerei	i zorafi'ki (jim'nu)	η ζωγραφική (γυμνού)
Aquarell-Malen	i iðatogra'fia	η υδατογραφία
Fotografieren	i foto'grafisi	η φωτογράφιση
Goldschmieden	i chrisocho'ia	η χρυσοχοΐα
Holzwerkstatt	to ksilur'jio	το ξυλουργείο
Kochen	i majiri'ki	η μαγειρική
Kurs	to 'tmima	το τμήμα
Ölmalerei	i äläogra'fia	η ελαιογραφία
Trommeln	to 'maθima krus'ton	το μάθημα κρουστών
Workshop	to ärgas'tirio	το εργαστήριο

Beim Arzt, bei der Polizei oder auf der Bank: Wenn's knifflig wird oder schnell gehen soll, dann hilft Ihnen dieses praktische Kapitel in jedem (Not-)Fall.

ARZT

■ AUSKUNFT | plirofo'riäs | Πληροφορίες ▬▬▬▬▬▬▬▬

Können Sie mir einen guten ... empfehlen?	bo'ritä na mu si'stisätä 'änan ka'lo ...?	Μπορείτε να μου συστήσετε έναν καλό ...;
Arzt	ja'tro	γιατρό
Augenarzt	ofθal'miatro	οφθαλμίατρο
Frauenarzt	jinäko'logo	γυναικολόγο

VON A BIS Z

Hals-Nasen-Ohren-Arzt	otorinolaringo'logo/ori'la	ωτορινολαρυγγολόγο/
		ωριλά
Hautarzt	ðärmato'logo	δερματολόγο
Kinderarzt	pä'ðiatro	παιδίατρο
Zahnarzt	oðon'diatro	οδοντίατρο
Wo ist seine Praxis?	'pu 'inä to ja'trio tu?	Πού είναι το ιατρείο του;

 Apotheke: Seite 57, 60

Was für Beschwerden haben Sie?	'ti 'iðus 'ponus 'ächätä?	Τι είδους πόνους έχετε;
Ich habe Fieber.	'ächo pirä'to.	Έχω πυρετό.
Mir ist schlecht/ schwindelig.	'njoθo 'aßchima/ 'ächo sa'laðäs.	Νιώθω άσχημα/ Έχω ζαλάδες.
Ich bin ohnmächtig geworden.	lipo'θimisa.	Λιποθύμησα.
Ich bin stark erkältet.	'imä wa'rja krioloji'mänos.	Είμαι βαριά κρυολογημένος.
Ich habe ...	'ächo ...	Έχω ...
Kopfschmerzen.	pono'käfalo.	πονοκέφαλο.
Halsschmerzen.	'ponus sto lä'mo.	πόνους στο λαιμό.
Husten.	'wicha.	βήχα.
Ich bin gestochen/ge- bissen worden.	mä 'tsimbisä./mä 'ðangosä.	Με τσίμπησε./Με δάγκωσε.
Ich habe Durchfall/ Verstopfung.	'ächo 'ðjaria/ ðiski'ljotita.	Έχω διάρροια/ δυσκοιλιότητα.
Ich habe mich verletzt.	'ächo trawmati'sti.	Έχω τραυματιστεί.
Wo tut es weh?	'pu po'natä?	Πού πονάτε;
Ich habe hier Schmerzen.	mä po'nai ä'ðo.	Με πονάει εδώ.
Ich bin Diabetiker.	'imä ðiawiti'kos.	Είμαι διαβητικός.
Ich bin schwanger.	'imä 'ängios.	Είμαι έγκυος.
Es ist nichts Ernstes.	ðän 'inä 'tipotä to sowa'ro.	Δεν είναι τίποτε το σοβαρό.
Können Sie mir bitte etwas gegen ... geben?	bo'ritä na mu 'ðosätä 'kati ja ...?	Μπορείτε να μου δώσετε κάτι για ...;
Normalerweise nehme ich ...	kanoni'ka 'pärno ...	Κανονικά παίρνω ...

■ **BEIM ZAHNARZT** | ston oðon'diatro | Στον οδοντίατρο

Ich habe (starke) Zahn- schmerzen.	'ächo (ðina'to) oðon'dopono.	Έχω (δυνατό) οδοντόπονο.
Dieser Zahn tut weh.	a'fto to 'dondi mu po'nai.	Αυτό το δόντι μου πονάει.
Ich habe eine Füllung verloren.	mu 'äfijä to 'sfrajisma.	Μου έφυγε το σφράγισμα.
Mir ist ein Zahn abgebrochen.	mu 'äspasä 'äna 'ðondi.	Μου έσπασε ένα δόντι.
Geben Sie mir bitte eine Spritze.	paraka'lo na mu 'kanätä 'änäsi.	Παρακαλώ, να μου κάνετε ένεση.
Geben Sie mir bitte keine Spritze.	paraka'lo na mi mu 'kanätä 'änäsi.	Παρακαλώ, να μη μου κάνετε ένεση.

| Wie lange muss ich hier bleiben? | 'poso kä'ro 'präpi na 'mino ä'ðo? | Πόσο καιρό πρέπει να μείνω εδώ; |
| Wann darf ich aufstehen? | 'potä äpi'träpätä na siko'ðo? | Πότε επιτρέπεται να σηκωθώ; |

Abszess	to a'postima	το απόστημα
Aids	to 'aïds	το έιτζ
Allergie	i alär'jia	η αλλεργία
ansteckend	mätaðoti'kos	μεταδοτικός
Arm	o wra'chionas	ο βραχίονας
Asthma	to 'asθma	το άσθμα
Atembeschwerden	i 'ðispnia	η δύσπνοια
atmen	ana'pnäo	αναπνέω
Auge	to 'mati	το μάτι
Ausschlag	to ä'ksanθima	το εξάνθημα
Bänderriss	i 'riksi sin'ðäsmu	η ρήξη συνδέσμου
Bauch	i ki'lja	η κοιλιά
Bein	to 'poði	το πόδι
bewusstlos	a'näsθitos	αναίσθητος
Blähungen	ta fu'skomata	τα φουσκώματα
Blase	i 'kisti	η κύστη
Blinddarm	i skolikoi'ðis a'pofisi	η σκωληκοειδής απόφυση
Blut	to 'äma	το αίμα
Blutdruck	i 'piäsi tu 'ämatos	η πίεση του αίματος
bluten	ma'tono	ματώνω
Blutvergiftung	i sipsä'mia	η σηψαιμία
Borreliose	i borä'liosi	η μπορελίωση
Bronchitis	i wrong'chitiða	η βρογχίτιδα
Brust	to 'stiθos	το στήθος
Bypass	to mbai'pas	το μπαϊπάς
Chirurg/in	o / i chirur'gos	ο/η χειρουργός
Darm	to 'ändäro	το έντερο
Diabetes	o ðia'witis	ο διαβήτης
Durchfall	i 'ðjaria	η διάρροια
Eiter	to 'pion	το πύον
Empfang	i ipoðo'chi	η υποδοχή
Entzündung	i flägmo'ni	η φλεγμονή
erbrechen, sich	'kano ämä'to	κάνω εμετό
erkältet	krioloji'mänos	κρυολογημένος
Facharzt	o iðikäw'mänos ja'tros	ο ειδικευμένος γιατρός
Fehlgeburt	i apowo'li	η αποβολή
Fieber	o pirä'tos	ο πυρετός

German	Transliteration	Greek
Finger	to 'ðachtilo	το δάχτυλο
Fuß	to 'poði	το πόδι
Gallenblase	i choli'ðochos 'kisti	η χοληδόχος κύστη
gebrochen	spa'smänos	σπασμένος
Gehirn	o äng'gäfalos	ο εγκέφαλος
Gehirnerschütterung	i ängäfali'ki 'ðjasisi	η εγκεφαλική διάσειση
Gehirnschlag	to ängäfali'ko	το εγκεφαλικό
Gelbsucht	o 'iktäros	ο ίκτερος
Gelenk	i 'arθrosi	η άρθρωση
Geschlechtskrankheit	to afro'ðisio 'nosima	το αφροδίσιο νόσημα
Geschlechtsorgane	ta jäniti'ka 'organa	τα γεννητικά όργανα
geschwollen	pri'smänos	πρησμένος
Geschwür	to 'älkos	το έλκος
Gesicht	to 'prosopo	το πρόσωπο
Grippe	i 'gripi	η γρίπη
Hals	o lä'mos	ο λαιμός
Halsschmerzen	i 'poni sto lä'mo	οι πόνοι στο λαιμό
Hand	to 'chäri	το χέρι
Haut	to 'ðärma	το δέρμα
Herpes	o 'ärpis	ο έρπης
Herz	i kar'ðja	η καρδιά
Herzanfall	i karðia'ki proswo'li	η καρδιακή προσβολή
Herzbeschwerden	i äno'chlisis stin kar'ðja	οι ενοχλήσεις στην καρδιά
Herzfehler	i anoma'lia tis kar'ðjas	η ανωμαλία της καρδιάς
Herzinfarkt	to karðia'ko 'ämfragma	το καρδιακό έμφραγμα
Herzschrittmacher	o wimato'ðotis	ο βηματοδότης
Hexenschuss	i osfial'jia	η οσφυαλγία
Hirnhautentzündung	i mänin'gitiða	η μηνιγγίτιδα
HIV-positiv	o fo'räas tu 'iu 'äits 'ai vi	ο φορέας του ιού έιτς άι βι
Hüfte	o go'fos	ο γοφός
Husten	o 'wichas	ο βήχας
Impfung	o ämwolia'smos	ο εμβολιασμός
Infektion	i 'molinsi	η μόλυνση
Ischias	i ißchia'ljia	η ισχιαλγία
Kiefer	to sia'goni	το σιαγόνι
Kinderlähmung	i poliomiä'litiða	η πολιομυελίτιδα
Knie	to 'gonato	το γόνατο
Knöchel	o a'stragalos	ο αστράγαλος
Knochen	to 'kokalo	το κόκκαλο
Knochenbruch	to 'katagma	το κάταγμα
Kolik	o koli'kos	ο κωλικός
Kopf	to kä'fali	το κεφάλι
Kopfschmerzen	i pono'käfalos	ο πονοκέφαλος
Krampf	o spa'smos / i 'kramba	ο σπασμός / η κράμπα

krank	'arostos	άρρωστος
Krankenhaus	to nosoko'mio	το νοσοκομείο
Krankenschein	to wiwli'ario as'ðänias	το βιβλιάριο ασθένειας
Krankenschwester	i noso'koma	η νοσοκόμα
Krankheit	i a'rostia	η αρρώστια
Krebs	o kar'kinos	ο καρκίνος
Kreislaufstörung	i kiklofori'ki anoma'lia	η κυκλοφορική ανωμαλία
Lähmung	i pa'ralisi	η παράλυση
Lebensmittelvergiftung	i trofi'ki ðiliti'riasi	η τροφική δηλητηρίαση
Leber	to si'koti	το συκώτι
Leistenbruch	i wuwono'kili	η βουβωνοκήλη
Lippe	to chilos	το χείλος
Loch (im Zahn)	i 'tripa	η τρύπα
Lunge	o 'pnäwmonas	ο πνεύμονας
Magen	to sto'machi	το στομάχι
Magenschmerzen	i stoma'choponi	οι στομαχόπονοι
Mandeln	i amiɣða'läs	οι αμυγδαλές
Masern	i ila'ra	η ιλαρά
Menstruation	i pä'rioðos	η περίοδος
Migräne	i imikra'nia	η ημικρανία
Mittelohrentzündung	i o'titiða	η ωτίτιδα
Mumps	i paro'titiða /i maɣu'laðäs	η παρωτίτιδα /οι μαγουλάδες
Mund	to 'stoma	το στόμα
Muskel	o mis	ο μυς
Narbe	i u'li	η ουλή
Narkose	i 'narkosi	η νάρκωση
Nase	i 'miti	η μύτη
Nerv	to 'näwro	το νεύρο
nervös	näwri'kos	νευρικός
Nierenentzündung	i nä'fritiða	η νεφρίτιδα
Nierenstein	i 'pätra sta nä'fra	η πέτρα στα νεφρά
Ohnmacht	i lipoði'mia	η λιποθυμία
Ohr	to a'fti	το αφτί
Operation	i äng'chirisi	η εγχείρηση
Pilzinfektion	i 'mikosi	η μύκωση
Plombe	to 'sfrajisma	το σφράγισμα
Pocken	i äwlo'ja	η ευλογιά
Praxis	to ia'trio	το ιατρείο
Prellung	o 'molopas	ο μώλωπας
Prothese (Zahn~)	i oðondosti'chia	η οδοντοστοιχία
(Arm~, Bein~)	i 'proðäsi	η πρόθεση
Puls	o sfiɣ'mos	ο σφυγμός
Quetschung	i 'ðlasi	η θλάση
Rheuma	i räwmati'smi	οι ρευματισμοί

Rippe	to plä'wro	το πλευρό
röntgen	aktinogra'fo	ακτινογραφώ
Röteln	i äri'θra	η ερυθρά
Rücken	i 'plati	η πλάτη
Rückenschmerzen	i 'poni stim'blati	οι πόνοι στην πλάτη
Rückgrat	i sponðili'ki 'stili	η σπονδυλική στήλη
Salmonellen	i salmo'näläs	οι σαλμονέλες
Schädel	to kra'nio	το κρανίο
Scharlach	i ostra'kja	η οστρακιά
Schienbein	i 'knimi	η κνήμη
Schlaflosigkeit	i ai'pnia	η αϋπνία
Schlaganfall	to ängäfali'ko	το εγκεφαλικό
Schlüsselbein	i 'kliða	η κλείδα
Schmerzen	i 'poni	οι πόνοι
Schnittwunde	i pli'ji	η πληγή
Schnupfen	to si'nachi	το συνάχι
Schulter	o 'omos	ο ώμος
Schüttelfrost	to 'rigos	το ρίγος
Schwangerschaft	i ängimo'sini	η εγκυμοσύνη
Schwellung	to 'priksimo	το πρήξιμο
Schwindel	i sa'laða	η ζαλάδα
Sonnenstich	i i'liasi	η ηλίαση
Speiseröhre	o iso'fagos	ο οισοφάγος
Sprechstunde	i 'oräs ä'piskäpsis	οι ώρες επίσκεψης
Spritze	i 'änäsi	η ένεση
Station	to 'tmima nosoko'miu	το τμήμα νοσοκομείου
Stich	to 'tsimbima	το τσίμπημα
Stirnhöhlenentzündung	i pararinokol'pitiða	η παραρρινοκολπίτιδα
Stuhlgang	i 'känosi	η κένωση
Tetanus	o 'tätanos	ο τέτανος
Trommelfell	to 'timbano	το τύμπανο
Typhus	o 'tifos	ο τύφος
Übelkeit	i ana'gula	η αναγούλα
Ultraschalluntersuchung	i ipärichiti'ki ä'ksätasi	η υπερηχητική εξέταση
Unterleib	to ipo'gastrio	το υπογάστριο
Untersuchung	i ä'ksätasi	η εξέταση
Urin	ta 'ura	τα ούρα
Verband	o ä'piðäsmos	ο επίδεσμος
verbinden	äpi'ðäno	επιδένω
Verbrennung	to 'ängawma	το έγκαυμα
Verdauung	i 'päpsi	η πέψη
Verdauungsstörung	i ðispä'psia	η δυσπεψία
Vergiftung	i ðiliti'riasi	η δηλητηρίαση
Verletzung	o trawmati'smos	ο τραυματισμός

verschreiben	'grafo	γράφω
verstaucht	strambulig'mänos	στραμπουληγμένος
Verstopfung	i ðiski'ljotita	η δυσκοιλιότητα
Virus	o i'os	ο ιός
Wartezimmer	i 'äθusa anamo'nis	η αίθουσα αναμονής
weh tun	po'nao	πονάω
Windpocken	i anämowlo'ja	η ανεμοβλογιά
Wunde	i pli'ji	η πληγή
Zahn	to 'ðondi	το δόντι
Zahnschmerzen	i oðon'doponi	οι οδοντόπονοι
Zecke	to tsim'buri	το τσιμπούρι
Zehe	to 'ðachtilo tu po'ðju	το δάχτυλο του ποδιού
Zerrung	i 'ðjasträma	το διάστρεμμα
ziehen (Zahn)	'wgaso	βγάζω
Zunge	i 'glosa	η γλώσσα

BANK/GELDWECHSEL

Wo ist hier bitte eine Bank?	'pu i'parchi ä'ðo 'trapäsa paraka'lo?	Πού υπάρχει εδώ τράπεζα παρακαλώ;
Ich möchte … Schweizer Franken in Euro wechseln.	'ðälo na a'lakso … älwäti'ka 'franga sä ä'wro.	Θέλω να αλλάξω … ελβετικά φράγκα σε Ευρώ.
Auf welchen Betrag kann ich ihn maximal ausstellen?	pjo 'inä to 'mäjisto po'so pu bo'ro na 'grapso?	Ποιο είναι το μέγιστο ποσό που μπορώ να γράψω;
Ihre Scheckkarte, bitte.	paraka'lo, tin 'karta äpita'gon.	Παρακαλώ, την κάρτα επιταγών.
Darf ich bitte Ihren Ausweis sehen?	bo'ro na ðo tin taf'toti'ta sas, paraka'lo?	Μπορώ να δω την ταυτότητά σας, παρακαλώ;
Würden Sie bitte hier unterschreiben?	ipo'grafätä ä'ðo, paraka'lo?	Υπογράφετε εδώ, παρακαλώ;
Gehen Sie bitte zur Kasse.	pi'jänätä paraka'lo sto ta'mio.	Πηγαίνετε παρακαλώ στο ταμείο.
Der Geldautomat akzeptiert meine Karte nicht.	to 'äi ti äm ðä 'ðächätä tin 'garta mu.	Το ATM δε δέχεται την κάρτα μου.
Der Geldautomat gibt meine Karte nicht mehr heraus.	to 'äi ti äm ðän äpi'sträfi tin 'garta mu.	Το ATM δεν επιστρέφει την κάρτα μου.

auszahlen	pli'rono	πληρώνω
Bank	i 'trapäsa	η τράπεζα
Betrag	to po'so	το ποσό
Cent	to läp'to	το λεπτό
Chipkarte	i 'äksipni 'karta	η έξυπνη κάρτα

Deutsch	Lautschrift	Griechisch
Euro	to ä'wro	το Ευρώ
Formular	to 'ändipo	το έντυπο
Geheimzahl	to pin	το πιν
Geld	ta 'chrimata	τα χρήματα
Geldautomat	to mi'chanima af'tomatis sinala'jis	το μηχάνημα αυτόματης συναλλαγής
Geldschein	to charto'nomisma	το χαρτονόμισμα
Geldwechsel	i ala'ji chri'maton	η αλλαγή χρημάτων
Kasse	to ta'mio	το ταμείο
Kleingeld	ta psi'la	τα ψιλά
Kreditkarte	i pistoti'ki 'karta	η πιστωτική κάρτα
Kurs	i isoti'mia	η ισοτιμία
Ladeterminal	to tärmati'ko 'fortosis	το τερματικό φόρτωσης
Münze	to 'kärma	το κέρμα
Reisescheck	i taksiðioti'ki äpita'ji	η ταξιδιωτική επιταγή
Schalter	i θi'riða	η θυρίδα
Scheck	i äpita'ji	η επιταγή
Scheckkarte	i 'karta äpita'gon	η κάρτα επιταγών
Schweizer Franken	to älwäti'ko 'frango	το ελβετικό φράγκο
umtauschen	a'laso	αλλάζω
Unterschrift	i ipogra'fi	η υπογραφή
Währung	to 'nomisma	το νόμισμα
Wechselkurs	i sinalagmati'ki isoti'mia	η συναλλαγματική ισοτιμία
Wechselstube	to andalak'tirio sina'lagmatos	το ανταλλακτήριο συναλλάγματος
Zahlung	i pliro'mi	η πληρωμή

FARBEN

> Zeigebilder: Seite 4

Deutsch	Lautschrift	Griechisch
beige	bäz	μπεζ
blau	ga'lazios, blä	γαλάζιος, μπλε
braun	kafa'ti	καφετί
einfarbig	mo'nochromos	μονόχρωμος
farbig	'änchromos	έγχρωμος
gelb	'kitrinos	κίτρινος
goldfarben	chri'sos	χρυσός
grau	'grizos	γκρίζος
grün	'prasinos	πράσινος
lila	li'la	λιλά
orange	portoka'li	πορτοκαλί

> *www.marcopolo.de/griechisch*

rosa	roz	ροζ
rot	'kokinos	κόκκινος
schwarz	'mawros	μαύρος
silberfarben	arji'ros/asi'mänios	αργυρός/ασημένιος
türkis	tir'kuaz	τιρκουάζ
violett	mow	μοβ
weiß	'aspros	άσπρος

FOTOGRAFIEREN

 Zeigebilder: Seite 59

Darf ich Sie fotografieren?	bo'ro na sas 'wgalo mja fotogra'fia?	Μπορώ να σας βγάλω μια φωτογραφία;
Ist hier Fotografieren erlaubt?	äpi'träpätä ä'ðo i foto'grafisi?	Επιτρέπεται εδώ η φωτογράφιση;
Könnten Sie bitte ein Foto von uns machen?	θa bo'rusatä na mas 'wgalätä mia fotogra'fia?	Θα μπορούσατε να μας βγάλετε μια φωτογραφία;
Drücken Sie bitte auf diesen Knopf.	na pa'tisätä af'to to kum'bi paraka'lo.	Να πατήσετε αυτό το κουμπί, παρακαλώ.
Das ist sehr freundlich!	'istä po'li ävjä'nis!	Είστε πολύ ευγενής!

FUNDBÜRO

Wo ist das Fundbüro, bitte?	'pu 'inä, paraka'lo, to gra'fio apolä'sθändon andiki'mänon?	Πού είναι, παρακαλώ, το γραφείο απωλεσθέντων αντικειμένων;
Ich habe ... verloren.	'ächo 'chasi ...	Έχω χάσει …
Benachrichtigen Sie mich bitte, wenn sie abgegeben werden sollte.	idopi'istä mä, paraka'lo, 'otan paraðo'θui.	Ειδοποιείστε με, παρακαλώ, όταν παραδοωθεί.
Hier ist meine Hotelanschrift.	a'fti 'inä i ði'äfθin'si mu sto ksänoðo'chio.	Αυτή είναι η διεύθυνσή μου στο ξενοδοχείο.

INTERNETCAFÉ

Wo gibt es in der Nähe ein Internetcafé?	pu 'inä ä'ðo kon'da 'äna 'indärnet ka'fä?	Πού είναι εδώ κοντά ένα ίντερνετ-καφέ;
Wieviel kostet eine Stunde?/ Viertelstunde?	'poso 'kani 'mia 'ora/'äna 'tätarto?	Πόσο κάνει μία ώρα/ένα τέταρτο;
Kann ich eine Seite ausdrucken?	bo'ro na äkti'poso 'mia sä'liða?	Μπρώ να εκτυπώσω μία σελίδα;
Bei mir klappt die Verbindung nicht.	sä 'mäna ðä 'jinätä 'sinðäsi.	Σε μένα δεν γίνεται σύνδεση.
Ich habe Probleme mit dem Computer.	'ächo pro'wlimata mä to kom'bjutär.	Έχω προβλήματα με το κομπιούτερ.
Kann ich bei Ihnen Fotos von meiner Digitalkamera auf CD brennen?	bo'ro sä sas na 'grapso fotogra'fiäs a'po tim bsifia'ki fotografi'ki micha'ni mu sä si di?	Μπορώ σε σας να γράψω φωτογραφίες από την ψηφιακή φωτογραφική μηχανή μου σε σι ντι;
Haben Sie auch ein Headset zum Telefonieren?	'ächätä kä tiläfoni'ko käfa'lofono?	Έχετε και τηλεφωνικό κεφαλόφωνο;

KINDER UNTERWEGS

Gibt es auch Kinder-portionen?	särwirätä kä pädi'käs mä'riðäs?	Σερβίρετε και παιδικές μερίδες;
Könnten Sie mir bitte das Fläschchen warm machen?	bo'ritä paraka'lo na mu säs'tanätä to bibä'ro?	Μπορείτε παρακαλώ να μου ζεστάνετε το μπιμπερό;
Wo kann ich stillen?	pu bo'ro na θi'laso to mo'ro?	Πού μπορώ να θηλάσω το μωρό;
Bitte bringen Sie noch einen Kinderstuhl?	paraka'lo, mu 'färnätä 'äna pä'ðiko 'kaθisma?	Παρακαλώ, μου φέρνετε ένα παιδικό κάθισμα;
Babybett	to kräwa'taki ja mo'ra	το κρεβατάκι (για μωρά)
Babyfon	to 'bäibi 'foun	το μπέιμπι-φόουν
Babynahrung	wräfi'ki tro'fi	βρεφική τροφή
Babysitter	o / i bäbi'sitär	ο / η μπέιμπι-σίτερ
Kinderautositz	pädi'ko 'kaθisma ja to afto'kinito	παιδικό κάθισμα για το αυτοκίνητο
Kinderbetreuung	ä'piwläpsi pä'ðjon	επίβλεψη παιδιών
Kinderermäßigung	pädi'ko isit'irio	παιδικό εισιτίριο
Kinderkrankenhaus	nosoko'mio 'päðon	νοσοκομείο παίδων
Kindernahrung	i pädi'ki tro'fi	η παιδική τροφή
Planschbecken	i pädi'ki pi'sina	η παιδική πισίνα

Saugflasche	to bibä'ro	το μπιμπερό
Schnuller	i pi'pila	η πιπίλα
Schwimmflügel	ta bra'tsakia	τα μπρατσάκια
Schwimmring	to so'siwio	το σωσίβιο
Spielkameraden	pädiki 'fili	παιδικοί φίλοι
Spielplatz	i pädi'ki cha'ra	η παιδική χαρά
Spielsachen	ta pä'chnidja	τα παιχνίδια
Wickeltisch	trap'äsi la ala'ji 'panas	τραπέζι για αλλαγή πάνας
Windeln	'panäs mo'ru	πάνες μωρού

POLIZEI

Wo ist bitte das nächste Polizeirevier?	'pu 'inä to ä'pomäno astinomi'ko 'tmima?	Πού είναι το επόμενο αστυνομικό τμήμα;
Ich möchte einen Unfall anzeigen.	'ðälo na ði'loso 'äna a'tichima.	Θέλω να δηλώσω ένα ατύχημα.
Mir ist ... gestohlen worden.	mu 'ächun 'kläpsi	Μου έχουν κλέψει ...
die Handtasche	tin 'dsanda.	την τσάντα.
der Geldbeutel	to porto'foli.	το πορτοφόλι.
mein Fotoapparat	ti fotografi'ki micha'ni.	τη φωτογραφική μηχανή.
mein Auto	to afto'kini'to mu.	το αυτοκίνητό μου.
mein Fahrrad	to po'ðila'to mu.	το ποδήλατό μου.
Mein Auto ist aufgebrochen worden.	mu ði'äriksan to afto'kinito.	Μου διέρρηξαν το αυτοκίνητο.
Aus meinem Auto ist ... gestohlen worden.	mu 'äkläpsan ... a'po to afto'kinito.	Μου έκλεψαν ... από το αυτοκίνητο.
Ich habe ... verloren.	'ächo 'chasi ...	Έχω χάσει ...
Mein Sohn/Meine Tochter ist seit ... verschwunden.	o jos mu/i 'kori mu äksafa'nistika stis ...	Ο γιος μου/Η κόρη μου εξαφανίστηκε στις ...
Können Sie mir bitte helfen?	bo'ritä na mä woi'ðisätä, paraka'lo?	Μπορείτε να με βοηθήσετε, παρακαλώ;
Ihren Namen und Ihre Anschrift, bitte.	to 'onoma kä ti ði'äfðin'si sas, paraka'lo.	Το όνομα και τη διεύθυνσή σας, παρακαλώ.
Wenden Sie sich bitte an das deutsche/österreichische/ Schweizer Konsulat.	apäfðin'ðitä, paraka'lo, sto järmani'ko/afstria'ko/ älwäti'ko proksä'nio.	Απευθυνθείτε, παρακαλώ, στο γερμανικό/αυστριακό/ ελβετικό προξενείο.

anzeigen	'kano 'minisi	κάνω μήνυση
aufbrechen	para'wjaso	παραβιάζω
Autoradio	to 'raðio aftoki'nitu	το ράδιο αυτοκινήτου
Autoschlüssel	to kli'ði aftoki'nitu	το κλειδί αυτοκινήτου
belästigen	pi'raso / paräno'chlo	πειράζω / παρενοχλώ

Brieftasche	to porto'foli	το πορτοφόλι
Dieb	o 'kläftis	ο κλέφτης
Diebstahl	i klo'pi	η κλοπή
Gefängnis	i fila'ki	η φυλακή
Geld	ta 'chrimata	τα χρήματα
Geldbeutel	to porto'foli	το πορτοφόλι
Gericht	to ðika'stirio	το δικαστήριο
Papiere	ta char'tja	τα χαρτιά
Personalausweis	i ta'ftotita	η ταυτότητα
Polizei	i astino'mia	η αστυνομία
Polizist/in	o/i asti'nomos	ο/η αστυνόμος
Rauschgift	ta narkoti'ka	τα ναρκωτικά
Rechtsanwalt/anwältin	o/i ðiki'goros	ο/η δικηγόρος
Reisepass	to ðjawati'rio	το διαβατήριο
Richter/in	o/i ðika'stis	ο/η δικαστής
Scheck	i äpita'ji	η επιταγή
Scheckkarte	i 'karta äpita'gon	η κάρτα επιταγών
Schlüssel	to kli'ði	το κλειδί
Taschendieb	o portofo'las	ο πορτοφολάς
Überfall	i ä'piðasi	η επίθεση
Verbrechen	to 'änglima	το έγκλημα
Vergewaltigung	o wjas'mos	ο βιασμός
verhaften	silam'wano	συλλαμβάνω
verlieren	'chano	χάνω
zusammenschlagen	'ðärno	δέρνω

POST

Wo ist das nächste Postamt?	'pu 'inä to ä'pomäno tachiðro'mio?	Πού είναι το επόμενο ταχυδρομείο;
Was kostet ein Brief/ eine Postkarte ...	'poso ko'stisi 'äna 'grama/ mja 'karta ...	Πόσο κοστίζει ένα γράμμα/ μια κάρτα ...
nach Deutschland?	ja ti järma'nia?	για τη Γερμανία;
nach Österreich?	ja tin af'stria?	για την Αυστρία;
in die Schweiz?	ja tin älwä'tia?	για την Ελβετία;
Diesen Brief bitte per ...	to 'grama a'fto, paraka'lo, ...	Το γράμμα αυτό, παρακαλώ, ...
Luftpost.	aäropori'kos.	αεροπορικώς.
Express.	katä'pigon.	κατεπείγον.

Absender	o aposto'läas	ο αποστολέας
Adresse	i ði'äfθinsi	η διεύθυνση
aufgeben	para'ðino	παραδίνω
ausfüllen	simbli'rono	συμπληρώνω
Bestimmungsort	o proori'smos	ο προορισμός
Brief	to grama	το γράμμα
Briefkasten	to gramatoki'wotio	το γραμματοκιβώτιο
Briefmarke	to grama'tosimo	το γραμματόσημο
Briefumschlag	o 'fakälos	ο φάκελος
Eilbrief	to ä'pigon 'grama	το επείγον γράμμα
Empfänger	o para'liptis	ο παραλήπτης
Formular	to 'ändipo	το έντυπο
frankieren	ko'lo grama'tosimo sä	κολλώ γραμματόσημο σε
Gebühr	ta 'täli	τα τέλη
Gewicht	to 'waros	το βάρος
Hauptpostamt	to kändri'ko tachiðro'mio	το κεντρικό ταχυδρομείο
Leerung	to 'aðiasma	το άδειασμα
Luftpost, mit	aäropori'kos	αεροπορικώς
Paket	to 'ðäma	το δέμα
Porto	ta 'täli	τα τέλη
Postamt	to tachiðro'mio	το ταχυδρομείο
Postkarte	i 'karta	η κάρτα
Postleitzahl	o tachiðromi'kos 'koðikas	ο ταχυδρομικός κώδικας
Schalter	i ði'riða	η θυρίδα
Vordruck	to 'ändipo	το έντυπο

TELEFONIEREN

Wo ist die nächste Telefonzelle?	'pu 'inä o ä'pomänos tiläfoni'kos 'θalamos?	Πού είναι ο επόμενος τηλεφωνικός θάλαμος;
Können Sie mir bitte eine Telefonmünze geben?	bo'ritä na mu 'ðosätä 'äna 'kärma ja to til'äfono?	Μπορείτε να μου δώσετε ένα κέρμα για το τηλέφωνο;
Wie ist die Vorwahl von ...?	pjos 'inä o kodi'kos tu/ tis ...?	Ποιος έναι ο κωδικός του/ της ...;
Bitte ein Ferngespräch nach ...	mja sin'ðjaläksi mä ... paraka'lo.	Μια συνδιάλεξη με ... παρακαλώ.
Ich möchte ein R-Gespräch anmelden.	θa i'θälo mja 'klisi a'nastrofis 'chräosis.	Θα ήθελα μια κλήση ανάστροφης χρέωσης.
Gehen Sie in Kabine Nr. ...	pi'jänätä sto 'θalamo 'numäro ...	Πηγαίνετε στο θάλαμο νούμερο ...
Hier spricht ...	'imä o/i ...	Είμαι ο/η ...
Hallo, mit wem spreche ich?	äm'bros, mä 'pjon mi'lo?	Εμπρός, με ποιον μιλώ;

Kann ich bitte Herrn/ Frau ... sprechen?	paraka'lo, bo'ro na mi'liso mä ton'girio/tingi'ria ...?	Παρακαλώ, μπορώ να μιλήσω με τον κύριο/την κυρία …;
Am Apparat.	o 'iðios/i 'iðja.	Ο ίδιος/Η ίδια.
Anruf	to tilä'fonima	το τηλεφώνημα
Auskunft	plirofo'riäs	Πληροφορίες
Auslandsgespräch	i sinði'aläksi mä äksotäri'ko	η συνδιάλεξη με εξωτερικό
Besetztzeichen	'sima katili'mänu	σήμα κατειλημμένου
Ferngespräch	i ipärasti'ki sin'ðjaläksi	η υπεραστική συνδιάλεξη
Gebühr	ta 'täli	τα τέλη
Gebühreneinheit	i mo'naða	η μονάδα
Handy	to kini'to ti'läfono	το κινητό τηλέφωνο
Hörer	to akusti'ko	το ακουστικό
Ortsgespräch	i asti'ki sin'ðjaläksi	η αστική συνδιάλεξη
R-Gespräch	i 'klisi a'nastrofis 'chräosis	η κλήση ανάστροφης χρέωσης
Telefon	to ti'läfono	το τηλέφωνο
Telefonbuch	o tiläfoni'kos ka'talogos	ο τηλεφωνικός κατάλογος
Telefongespräch	i tiläfoni'ki sin'ðjaläksi	η τηλεφωνική συνδιάλεξη
telefonieren	tiläfo'no	τηλεφωνώ
Telefonkarte	i tilä'karta	η τηλεκάρτα
Telefonnummer	o ariθ'mos tilä'fonu	ο αριθμός τηλεφώνου
Telefonzelle	o tiläfoni'kos 'ðalamos	ο τηλεφωνικός θάλαμος
Verbindung	i 'sinðäsi	η σύνδεση
Vorwahlnummer	o koði'kos	ο κωδικός
wählen	äpi'lägo / ka'lo	επιλέγω / καλώ

WIE DIE EINHEIMISCHEN

Insider Tipps

▶ „Hallo!"

Es ist üblich, sich am Telefon mit [ne] «Ναι» („Ja"), [em'bros] «Εμπρός» („Hallo") oder [paraka'lo] «Παρακαλώ» („Bitte") zu melden. Seltener wird auch der Name genannt.

▶ Für den Notfall

Am besten kauft man sich gleich nach der Ankunft eine Telefonkarte «τηλεκάρτα» [tilä'karta] und notiert sich die Telefonnummern der örtlichen Taxifahrer. Dann kann man sich notfalls abholen lassen, falls es beim Wandern aus irgendwelchen Gründen nicht mehr weitergeht.

▶ www.marcopolo.de/griechisch

■ HANDY | to kini'to ti'läfono | το κινητό τηλέφωνο

Deutsch	Lautschrift	Griechisch
Bitte eine SIM-Karte.	paraka'lo 'mia 'karta sim.	Παρακαλώ, μία κάρτα SIM.
Bitte eine internationale Telefonkarte.	paraka'lo 'mia ðiäθ'ni tiläfoni'ki 'karta.	Παρακαλώ, μία διεθνή τηλεφωνική κάρτα.
Wie viele Minuten kann ich mit einer Karte für … sprechen?	'posa läp'ta bo'ro na tiläfo'niso mä 'mia 'karta ja …?	Πόσα λεπτά μπορώ να τηλεφωνήσω με μία κάρτα για …?
Für welches Gebiet gilt diese SIM-Karte?	ja pja pärio'chi is'chii af'ti i 'karta sim?	Για ποια περιοχή ισχύει αυτή η κάρτα SIM;
Geben Sie mir bitte eine Tarifübersicht.	'ðostä mu paraka'lo 'änan timoka'talogo.	Δώστε μου, παρακαλώ, έναν τιμοκατάλογο.
Haben Sie Guthabenkarten der Mobilfunkgesellschaft …?	'ächätä propliro'mänäs 'kartäs tis ätä'rías kini'tis tiläfo'nias …?	Έχετε προπληρωμένες κάρτες της εταιρείας κινητής τηλεφωνίας …?

TOILETTE UND BAD

Deutsch	Lautschrift	Griechisch
Wo ist bitte die Toilette?	pu 'inä i tua'läta paraka'lo?	Πού είναι η τουαλέτα, παρακαλώ;
Dürfte ich wohl bei Ihnen die Toilette benutzen?	bo'ro na 'pao stin dua'läta sas?	Μπορώ να παώ στην τουαλέτα σας;
Würden Sie mir bitte den Schlüssel für die Toiletten geben?	na mu 'ðosätä to kli'ði ja tin dua'läta paraka'lo?	Να μου δώσετε το κλειδί για την τουαλέτα, παρακαλώ;
Die Toilette ist verstopft.	i tua'läta 'inä wulo'mäni.	Η τουαλέτα είναι βουλωμένη.
Damen	jinä'kon	Γυναικών
Damenbinden	i sär'vjätäs	οι σερβιέτες f
Handtuch	i pä'tsäta	η πετσέτα
Handwaschbecken	o nip'tiras	ο νιπτήρας
Herren	an'ðron	Ανδρών
Kabine	i ka'bina	η καμπίνα
sauber	kaθa'ros	καθαρός
schmutzig	'wromikos	βρώμικος
Seife	to sa'puni	το σαπούνι
Stehklosett	i 'turkiki tua'läta	η τούρκικη τουαλέτα
Tampons	ta tam'bon	τα ταμπόν
Toilettenpapier	to char'ti i'jias	το χαρτί υγείας
Wasserspülung	to kaza'naki	το καζανάκι

IMPRESSUM

Titelbild: laif: IML
Fotos: Denis Pernath (S. 8/9, 12/13, 22/23, 54/55, 78/79, 92/93); Bildagentur Huber/Kreder (S. 38/39); Cortina Hotel, München (S. 68/69)
Illustrationen: Mascha Greune, München
Zeigebilder/Fotos: Lazi&Lazi; Food Collection; Comstock; stockbyte; Fisch-Informationszentrum e.V.; Fotolia/Christian Jung; Fotolia/ExQuisine; photos.com
Bildredaktion: Factor Product, München (S. 8/9, 12/13, 22/23, 38/39, 54/55, 68/69, 78/79, 92/93); red.sign, Stuttgart (S. 43–47)
Zeigebilder/Illustrationen: Factor Product, München; HGV Hanseatische Gesellschaft für Verlagsservice, München (S. 46/47, 56, 58/59, 62, 66, 73, 75)

1. Auflage 2009
© MAIRDUMONT GmbH & Co. KG, Ostfildern
© auf der Basis PONS Reisewörterbuch Griechisch
© PONS GmbH, Stuttgart

Chefredaktion: Michaela Lienemann, MAIRDUMONT
Konzept und Projektleitung: Carolin Hauber, MAIRDUMONT

Bearbeitet von: Andreas Meißler, Berlin
Redaktion: PONS GmbH, Stuttgart; MAIRDUMONT, Ostfildern; Barbara Pflüger, Stuttgart
Mitarbeit an diesem Werk: Jens Bey, MAIRDUMONT; Eva-Maria Hönemann, MAIRDUMONT
Satz: Fotosatz Kaufmann, Stuttgart

Kapitel Achtung! Slang:
Redaktion: MAIRDUMONT, Ostfildern; Bintang Buchservice GmbH, Berlin
Autor: Theo Votsos, Köln

Titelgestaltung: Factor Product, München
Innengestaltung: Zum goldenen Hirschen, Hamburg; red.sign, Stuttgart

WÖRTERBUCH

DIE 1333 WICHTIGSTEN WÖRTER

Die hinter der griechischen Aussprache aufgeführten Zahlen verweisen auf die entsprechenden Seiten der themenbezogenen Kapitel.

■ A

ab από [a'po]
abbestellen (Zimmer, Fahr-, Flugkarten) ακυρώνω [aki'rono]
Abend το βράδυ [to 'wraði]
aber όμως ['omos]
Abfahrt η αναχώρηση [i ana'chorisi] > 33
Abflug η αναχώρηση [i ana'chorisi] > 31
ablaufen λήγω ['ligo]
ablehnen απορρίπτω [apo'ripto]
Abreise η αναχώρηση [i ana'chorisi] > 70 f.
abreisen (nach) αναχωρώ akk (για) [anacho'ro (ja)]
Abschied nehmen αποχαιρετώ [apochärä'to] > 14
abschleppen ρυμουλκώ [rimul'ko]
Absender ο αποστολέας [o aposto'läas] > 105
abwärts προς τα κάτω [pros ta 'kato]
Achtung η προσοχή [i proso'chi]
Adresse η διεύθυνση [i ði'äfθinsi] > 105
Ägäis το Αιγαίον (πέλαγος) [to ä'jäon ('pälagos)]
Aktivurlaub Διακοπές για Δραστήριους [ðiako'päs ja ðra'stirius] > 86 ff.
alle όλοι ['oli]
allein μόνος ['monos]
alles όλα ['ola]
als (zeitlich) όταν ['otan]; (bei Vergleich) από akk [a'po]
also λοιπόν [li'pon]
alt παλιός [pa'ljos], (Mensch) ηλικιωμένος [ilikio'mänos]
Alter η ηλικία [i ili'kia] > 16
Amt (Dienststelle) η υπηρεσία [i ipirä'sia]
an σε akk [sä]
anbieten προσφέρω [pros'färo]
andere, der ~ ο άλλος [o 'alos]
ändern αλλάζω [a'laso]
anders adv διαφορετικά [ðiaforäti'ka]
Anfang η αρχή [i ar'chi]
Angst ο φόβος [o 'fowos]
anhalten σταματώ [stama'to]
ankommen φτάνω ['ftano]
Ankunft άφιξη ['afiksi] > 32
Anmeldung η δήλωση [i 'ðilosi]
Anreisetag η ημέρα άφιξης [i i'mära 'afiksis]
Anruf το τηλεφώνημα [to tilä'fonima] > 106
anrufen τηλεφωνώ [tiläfo'no]

Anschluss η ανταπόκριση [i anda'pokrisi] > 32 f.
Anschrift η διεύθυνση [i ði'äfθinsi]
anstatt αντί [an'di]
anstrengend κουραστικός [kurasti'kos]
antworten απαντώ [apan'do]
Apotheke το φαρμακείο [to farma'kio] > 56 f., 60
Appetit η όρεξη [i 'oräksi]
arbeiten δουλεύω [ðu'läwo]
ärgern, s. ~ über θυμώνω με akk [θi'mono mä]
arm φτωχός [fto'chos]
Art (Weise) ο τρόπος [o 'tropos], (Sorte) το είδος [to 'iðos]
Arzt γιατρός [ja'tros] > 92 ff.
auch επίσης [ä'pisis]
aufbrechen παραβιάζω [parawi'aso] > 103
Aufenthalt η παραμονή [i paramo'ni]; (Zug) η στάση [i 'stasi]
aufgeben (Gepäck, Post) παραδίνω [para'ðino]
aufhören παύω ['pawo]
aufpassen (auf) προσέχω akk [pro'sächo]
aufstehen σηκώνομαι [si'konomä]
Augenblick η στιγμή [i stig'mi]
aus (Herkunft, Material) από [a'po] akk
Ausfahrt η έξοδος [i 'äksoðos]
Ausflug η εκδρομή [i äkðro'mi] > 81 f.
ausfüllen συμπληρώνω [simbli'rono] > 105
Ausgang η έξοδος [i 'äksoðos]
Auskunft η πληροφορία [i plirofo'ria] > 10 f., 22 f., 25, 31, 33, 35 f., 38, 68
Ausländer ο αλλοδαπός [o aloða'pos]
außen έξω ['äkso]
außer εκτός από [ä'ktos a'po]
außerdem εκτός από αυτό [ä'ktos a'po a'fto]
Aussicht η θέα [i 'θäa]
aussprechen προφέρω [pro'färo]
aussteigen κατεβαίνω [katä'wäno] > 33, 36
Ausweis (Personal~) η ταυτότητα [i ta'ftotita]
Auto το αυτοκίνητο [to afto'kinito] > 25 ff.
Autopapiere τα χαρτιά αυτοκινήτου [ta char'tia aftokinitu]

■ B

Baby το μωρό [to mo'ro] > 102 f.
Bahnhof ο σταθμός [o staθ'mos] > 33 f.
bald σε λίγο [sä 'ligo]
Bank η τράπεζα [i 'trapäsa] > 99 f.

Bar μπαρ [bar] ➤ 82
Baum το δέντρο [to 'ðändro]
beachten προσέχω [pro'sächo]
Beanstandung το παράπονο [to pa'rapono] ➤ 40, 70
beantworten απαντώ [apan'do]
bedeuten σημαίνω [si'mäno]
Bedienung η εξυπηρέτηση [i äksipi'rätisi]
beenden τελειώνω [tä'ljono]
befinden, s. ~ βρίσκομαι ['wriskomä]
befreundet sein έχω φιλία ['ächo fi'lia]
befürchten φοβάμαι [fo'wamä]
begegnen συναντώ [sinan'do]
beginnen αρχίζω [ar'chiso]
begleiten συνοδεύω [sino'ðäwo]
begrüßen χαιρετώ [chärä'to] ➤ 12
behalten κρατώ [kra'to], συγκρατώ [singra'to]
behindertengerecht κατάλληλος για ανάπηρους [ka'talilos ja a'napirus]
Behindertentoilette εγκαταστάσεις υγιεινής για άτομα με μειωμένη κινητικότητα [ängata'stasis ijii'nis ja 'atoma mä mio'mäni kiniti'kotita]
Behörde η αρχή [i ar'chi]
bei (nahe) κοντά σέ akk [kon'da sä]
beide και οι δυο [kä i ðjo]
Beileid τα συλλυπητήρια [ta silipi'tiria]
Beispiel το παράδειγμα [to pa'raðigma]
beißen δαγκώνω [ðan'gono]
beklagen, s. ~ (über) παραπονιέμαι (για akk) [parapo'njämä (ja)]
belästigen παρενοχλώ [paräno'chlo] ➤ 104
beleidigen προσβάλλω [pro'swalo]
benachrichtigen ειδοποιώ [iðo'pjo]
benötigen χρειάζομαι [chri'asomä]
benutzen χρησιμοποιώ [chrisimo'pjo]
Benzin η βενζίνη [i wän'sini] ➤ 25 ff.
Berg το βουνό [to wu'no]
Beruf το επάγγελμα [to ä'pangälma]
beruhigen, s. ~ ησυχάζω [isi'chaso]
beschädigen ζημιώνω [si'mjono]
bescheinigen πιστοποιώ [pisto'pjo]
beschlagnahmen κατάσχω [ka'taßcho]
beschließen αποφασίζω [apofa'siso]
beschweren, s. ~ (über) παραπονιέμαι (για) akk [parapo'njämä (ja)]
besetzt (Platz) πιασμένος [pjas'mänos]
besichtigen (Museum) επισκέπτομαι [äpi'skäptomä]; (Wohnung) βλέπω ['wläpo]
Besichtigung επίσκεψη [i ä'piskäpsi] ➤ 79 ff.
besitzen κατέχω [ka'tächo]
Besitzer ο κάτοχος [o 'katochos]
besorgen προμηθεύω [promi'ðäwo]
bestätigen βεβαιώνω [wäwä'ono]
Besteck τα μαχαιροπίρουνα [ta machäro'piruna]
Bestellung η παραγγελία [i parangä'lia] ➤ 40, 42

bestimmt adj ορισμένος [ori'smänos]; adv οπωσδήποτε [opos'ðipotä]
besuchen, jdn ~ επισκέπτομαι κάποιον [äpi'skäptomä 'kapion]
Betrag το ποσό [to po'so]
betreten verb πατώ [pa'to]
betrinken, s. ~ μεθώ [mä'ðo]
betrügen απατώ [apa'to]
betrunken μεθυσμένος [mäðis'mänos]
Bett το κρεβάτι [krä'wati]
Bewohner ο κάτοικος [o 'katikos]
bewusstlos αναίσθητος [a'näsßitos]
bezahlen πληρώνω [pli'rono]
Biene η μέλισσα [i 'mälisa]
Bild η εικόνα [i i'kona]
billig φθηνός [fði'nos]
bis (zeitlich) μέχρι akk ['mächri]; (räumlich) ως akk ['mächri]
bisschen, ein ~ λίγο ['ligo]
bitte παρακαλώ [paraka'lo]; (Antwort auf Dank) τίποτα ['tipota] ➤ 14
Bitte η παράκληση [i pa'raklisi] ➤ 14
bitten, jdn um etw ~ παρακαλώ κάποιον για κάτι [paraka'lo 'kapion ja 'kati]
blau μπλε [blä]
bleiben μένω ['mäno]
Blitz η αστραπή [i astra'pi]
Blume το λουλούδι [to lu'luði]
Blut το αίμα [to 'äma]
Boden το έδαφος [to 'äðafos]
Boot η βάρκα [i 'warka]
böse κακός [ka'kos]; (verärgert) θυμωμένος [ßimo'mänos]
Botschaft (dipl. Vertretung) η πρεσβεία [i prä'swia]
Brand η πυρκαγιά [i pirka'ja]
brauchen χρειάζομαι [chri'asomä]
brechen σπάζω ['spaso]
breit φαρδύς [far'ðis]
Bremse τα φρένα [ta 'fräna] ➤ 26 f.
brennen καίω ['käo]
Brief το γράμμα [to 'grama] ➤ 104 f.
Brieftasche το πορτοφόλι [to porto'foli] ➤ 104
Brille τα γυαλιά [ta ja'lja] ➤ 64 f.
bringen φέρνω ['färno]
Brot Ψωμί [pso'mi] ➤ 45, 63
Bruder ο αδελφός [o aðäl'fos]
Buch το βιβλίο [to wiw'lio] ➤ 67
buchstabieren συλλαβίζω [sila'wiso]
Bucht ο κόλπος [o 'kolpos]
Buchung η κράτηση θέσης [i 'kratisi 'ßäsis] ➤ 8 ff., 69
Büro το γραφείο [to gra'fio]
Bus το λεωφορείο [to läofo'rio] ➤ 36

■ C

Café (traditionell) το καφέ [to ka'fä], (Cafeteria) η καφετέρια [i kafä'täria]
Camping το κάμπιγκ [to 'kambing] ➤ 11, 76

➤ **www.marcopolo.de/griechisch**

WÖRTERBUCH

Chef το αφεντικό [o afändi'ko]
Club/Diskothek το κλαμπ/η ντίσκο [to klab/i 'disko] ➤82
Computer κομπιούτερς [kom'bjutärs] ➤59
Computerfachgeschäft Κομπιούτερς/Υπολογιστές [kom'bjutärs/ipoloji'stäs] ➤56, 59
Cousin/-e ο ξάδελφος [o 'ksaðälfos]/η ξαδέλφη [i ksa'ðälfi]

D

da (Ort) εκεί [a'ki]; (Grund; Zeit) αφού [a'fu], επειδή [äpi'ði]
dafür sein είμαι υπέρ gen ['imä i'pär]
dagegen sein είμαι κατά gen ['imä ka'ta]
daheim στο σπίτι [sto 'spiti]
daher (Grund) γι΄αυτό [ja'fto]
damals τότε ['totä]
Dame η κυρία [i ki'ria]
danach μετά [mä'ta]
Dank η ευχαριστία [i äfchari'stia], το ευχαριστώ [to äfchari'sto] ➤14
danken ευχαριστώ [äfchari'sto]
dann ύστερα ['istära], μετά [mä'ta]
da sein είμαι εδώ ['imä ä'ðo]
dasselbe το ίδιο [to 'iðio]
Datum η ημερομηνία [i imäromi'nia] ➤20
Dauer η διάρκεια [i ði'arkia]
dauern διαρκώ [ðiar'ko]
Decke (Bett~) η κουβέρτα [i ku'wärta]
defekt χαλασμένος [chala'smänos] ➤26
dein δικός/δική σου [ði'kos/ði'ki su], ... σου [su]
denken an σκέπτομαι akk ['skäptomä]
denn διότι [ði'oti], γιατί [ja'ti]
deshalb γι΄αυτό [ja'fto]
Deutsche, der, die ~ ο Γερμανός [o järma'nos], η Γερμανίδα [i järma'niða]
Deutschland η Γερμανία [i järma'nia]
dich εσένα [ä'säna], σε [sä]
dick παχύς [pa'chis]; χοντρός [chon'dros];
Diebstahl η κλοπή [i klo'pi] ➤103 f.
diese(r, s) αυτή (αυτός, αυτό) [af'ti (af'tos, af'to)]
Ding το πράγμα [to 'pragma]
dir σ΄εσένα [sä'säna], σου [su]
Direktor ο διευθυντής [o ðiäfθin'dis]
Disko η ντισκοτέκ [i ðisko'täk] ➤82
doch μα βεβαίως [ma wä'wäos]
Doktor (Arzt) ο γιατρός [o ja'tros]; (Dr.) ο διδάκτορας [o ði'ðaktoras]
doppelt διπλός [ði'plos]
Dorf το χωριό [to cho'rjo]
draußen έξω ['äkso]
drin(nen) μέσα ['mäsa]
dringend επείγον [ä'pigon]
Drogerie κατάστημα καλλυντικών [ka'tastima kalindi'kon] ➤56, 58
du εσύ [ä'si]

dumm κουτός [ku'tos]
dunkel σκοτεινός [skoti'nos]
dünn λεπτός [läp'tos]
durch (quer ~) δια μέσου gen [ðja 'mäsu], μέσα από akk ['mäsa a'po]
Durchgang η διάβαση [i 'ðjawasi]
Durchreise η διέλευση [i 'ðjäläfsi]
durchschnittlich adj μέσος ['mäsos]; adv κατά μέσον όρο [ka'ta 'mäson 'oro]
dürfen επιτρέπεται [äpi'träpätä], μπορώ [bo'ro]
durstig διψασμένος [ðipsa'smänos]

E

eben (Fläche) επίπεδος [ä'pipäðos]; (so~) μόλις ['molis]
Ebene το επίπεδο [to ä'pipäðo], η πεδιάδα [i pä'ðjaða]
echt γνήσιος ['gnisios]
Ecke η γωνία [i go'nia]
Ehefrau η σύζυγος [i 'sisigos]
Ehemann ο σύζυγος [o 'sisigos]
Ehepaar το ζευγάρι [to sä'wgari], το αντρόγυνο [to an'drojino]
Ei το αβγό [to a'wgo]
Eigenschaft η ιδιότητα [i i'ðjotita]
Eigentümer ο ιδιοκτήτης [o iðio'ktitis]
eilig βιαστικός [wiasti'kos]
ein(e) ένας, ένα (μια) ['änas, 'äna (mja)]
Einfuhr η εισαγωγή [i isago'ji]
Eingang η είσοδος [i 'isoðos]
einige μερικοί [märi'ki]
einigen (s. ~) συμφωνώ [simfo'no]
einkaufen ψωνίζω [pso'niso] ➤54 ff.
einladen προσκαλώ [proska'lo]
einmal μια φορά [mja fo'ra]
einreisen εισέρχομαι σε χώρα [i'särchomä sä 'chora]
eins ένα ['äna]
einsam μόνος ['monos]
eintreten μπαίνω ['mbäno]
Eintrittskarte το εισιτήριο [to isi'tirio] ➤83 f.
Einwohner ο κάτοικος [o 'katikos]
Eisenbahn ο σιδηρόδρομος [o siði'roðromos] ➤33 f.
Elektrohandlung το κατάστημα ηλεκτρικών [to ka'tastima ilä'ktrikon] ➤56, 59
Eltern οι γονείς [i go'nis]
Empfang (Erhalt) η λήψη [i 'lipsi]; (Hotel, Besuch) η υποδοχή [i ipoðo'chi]
Empfänger ο παραλήπτης [o para'liptis] ➤105
empfehlen συστήνω [sis'tino]
enden τελειώνω [tä'ljono]
endgültig adj τελικός [täli'kos]; adv τελικά [täli'ka]
endlich επιτέλους [äpi'tälus]
englisch αγγλικός [angli'kos]
Enkel/in ο εγγονός [o ango'nos], η εγγονή [i ängo'ni]
entdecken ανακαλύπτω [anaka'lipto]

entfernt απομακρυσμένος [apomakri'smänos]
entgegengesetzt αντίθετος [an'diθätos]
entlang κατά μήκος [ka'ta 'mikos]
entscheiden (s. entschließen) αποφασίζω [apofa'siso]
entschließen αποφασίζω [apofa'siso]
Entschluss η απόφαση [i a'pofasi]
entschuldigen, s. ~ ζητώ συγγνώμη [si'to si'g-nomi] ➤ 14
Entschuldigung η συγγνώμη [i si'gnomi] ➤ 14
enttäuscht απογοητευμένος [apogoitäw'mänos]
entweder ... oder ή ... ή [i ... i], είτε ... είτε ['itä ... 'itä]
entwickeln εξελίσσω [äksä'liso], αναπτύσσω [ana'ptiso]; (Bilder) εμφανίζω [ämfa'niso]
er αυτός [af'tos]
Erde η γη [i ji]
Erdgeschoss το ισόγειο [to i'sojio]
ereignen, s. ~ συμβαίνω [sim'wäno], γίνομαι ['jinomä]
Ereignis το συμβάν [to sim'wan], το γεγονός [to jägo'nos]
erfahren (1) verb μαθαίνω [ma'θäno]
erfahren (2) adj έμπειρος [äm'biros]
erfreut ευχαριστημένος [äfcharisti'mänos], χαρούμενος [cha'rumänos]
Ergebnis το αποτέλεσμα [to apo'tälasma]
erhalten λαμβάνω [lam'wano], παίρνω ['pärno]; (aufrecht~) διατηρώ [ðiati'ro]
erholen, s. ~ αναπαύομαι [ana'pawomä]
erinnern, s. ~ θυμάμαι [θi'mamä]
erkennen αναγνωρίζω [anagno'riso]
erklären (erläutern) εξηγώ [äksi'go]
erkundigen, s. ~ πληροφορούμαι [plirofo'rumä]
erlauben επιτρέπω [äpi'träpo]
Erlaubnis η άδεια [i 'aðia]
erledigen τακτοποιώ [takto'pjo]
Ermäßigung η έκπτωση [i 'äkptosi]
ernst σοβαρός [sowa'ros]
erreichen (ankommen) φτάνω ['ftano], (schaffen) επιτυγχάνω [äpiting'chano]
Ersatz (Schaden~) η αποζημίωση [i aposi'miosi]
erschöpft εξαντλημένος [äksandli'mänos]
erschrecken τρομάζω [tro'maso]
ersetzen αναπληρώνω [anapli'rono]; (Schaden) αποζημιώνω [aposi'mjono]
erst (zuerst) πρώτα ['prota]; (nicht früher als) όχι πριν ['ochi prin]
Erwachsene(r) ο ενήλικος [o ä'nilikos]/η ενήλικη [i (o) ä'nilikos]
erzählen διηγούμαι [ðii'gumä]
Erziehung η αγωγή [i ago'ji]
es gibt υπάρχει [i'parchi], έχει akk ['ächi]
essbar φαγώσιμος [fa'gosimos]
Essen το φαγητό [to faji'to] ➤ 43 ff., 63 f.
etwa περίπου [pä'ripu]
etwas κάτι ['kati]; (ein wenig) λίγο ['ligo]
euch akk εσάς [ä'sas], σας [sas]
euer δικός σας [ði'kos sas], ... σας [sas]

Euro το Ευρώ [to ä'wro] ➤ 99 f.
Europa η Ευρώπη [i ä'wropi]
Europäer/-in ο Ευρωπαίος [o äwro'päos]/η Ευρωπαία [i äwro'päa]

Fabrik το εργοστάσιο [to ärgo'stasio]
fahren πηγαίνω [pi'jäno]; (lenken) οδηγώ [oði'go]
Fahrkarte το εισιτήριο [to isi'tirjo] ➤ 34 ff.
Fahrplan το δρομολόγιο [to ðromo'lojio] ➤ 34, 36
Fahrrad το ποδήλατο [to po'ðilato] ➤ 25 ff.
Fahrstuhl το ασανσέρ [to asan'sär]
Fahrt το ταξίδι [to ta'ksiði]
fallen πέφτω ['päfto]
falsch λάθος ['laθos]; (betrügerisch) απατηλός [apati'los]
Familie η οικογένεια [i iko'jänia]
Familienname το επώνυμο [to ä'ponimo] ➤ 24
Farbe το χρώμα [to 'chroma] ➤ 4, 100 f.
faul τεμπέλης [täm'bälis]; (Obst) σάπιος ['sapios]
fehlen λείπω ['lipo]
Fehler (den man macht) το λάθος [to 'laθos]; (den man hat) το ελάττωμα [to ä'latoma]
Feiertag η γιορτή [i jor'ti] ➤ 21
Feld το χωράφι [to cho'rafi]
Fels ο βράχος [o 'wrachos]
Ferien οι διακοπές [i ðjako'päs]
Ferienhaus η τουριστική κατοικία [i turisti'ki kati'kia] ➤ 11, 74 f.
Ferngespräch η υπεραστική συνδιάλεξη [i iparasti'ki sin'ðjaläksi] ➤ 105 f.
fertig (bereit) έτοιμος ['ätimos]
Fest η γιορτή [i jor'ti] ➤ 84 f.
Festland η στεριά [i stär'ja], η ξηρά [i ksi'ra]
Fett το λίπος [to 'lipos]
feucht υγρός [i'gros]
Feuer η φωτιά [i fo'tja]
Feuerlöscher ο πυροσβεστήρας [o piroswä'stiras]
Feuermelder ο πυρανιχνευτήρας [o piranichnäf'tiras]
Feuerwehr η πυροσβεστική [i piroswästi'ki]
Film το φιλμ [to film], η ταινία [i tä'nia]
finden βρίσκω ['wrisko]
Firma η φίρμα [i 'firma]
Fisch το ψάρι [to 'psari] ➤ 47, 49 f., 63
Flasche το μπουκάλι [to bu'kali]
Fleisch το κρέας [to 'kräas] ➤ 46, 51, 63
Fliege η μύγα [i 'miga]
fliegen πετώ [pä'to]
fließen τρέχω ['trächo]
Flirt φλερτ [flärt] ➤ 17 f.
Flug η πτήση [i 'ptisi] ➤ 31 f.
Flugzeug το αεροπλάνο [to ääro'plano] ➤ 31 f.
Fluss το ποτάμι [to po'tami]

folgen ακολουθώ [akolu'θo]
fordern απαιτώ [apä'to], ζητώ [si'to]
Formular το έντυπο [to 'ändipo]
fort sein απουσιάζω [apu'sjaso]
fortsetzen συνεχίζω [sinä'chiso]
Foto η φωτογραφία [i fotogra'fia]
Fotoartikel τα φωτογραφικά είδη [ta fotografi-'ka 'iði] ➤56, 59
fotografieren φωτογραφίζω [fotogra'fiso]
Frage η ερώτηση [i ä'rotisi]
fragen ρωτώ [ro'to]
frankieren κολλώ γραμματόσημο σε [ko'lo grama'tosimo sä]
französisch γαλλικός [jali'kos]
Frau (auch Ehe~) η γυναίκα [i ji'näka]; (vor Namen) η κυρία [i ki'ria]; (Anrede) κυρία [ki'ria]
frei ελεύθερος [ä'läfθäros]
fremd (ausländisch) αλλοδαπός [aloða'pos]; (unbekannt) ξένος ['ksänos]
Fremde, der, die ~ ο ξένος [o 'ksänos], η ξένη [i 'ksäni]
Fremdenführer ο ξεναγός [o ksäna'gos] ➤79 f.
Freude η χαρά [i cha'ra]
freuen, s. ~ auf/ über χαίρομαι για akk ['chäromä ja]
Freund ο φίλος [o 'filos]
freundlich φιλικός [fili'kos]
Freundlichkeit η φιλικότητα [i fili'kotita]
Friede η ειρήνη [i i'rini]
frieren κρυώνω [kri'ono]
frisch φρέσκος ['fräskos]; (Wäsche) καθαρός [kaθa'ros]
Friseur/Friseuse κομμωτής/κομμώτρια [ko-mo'tis/ko'motria] ➤56, 61
froh (zufrieden) ευχαριστημένος [äfcharisti'mä-nos]; (glücklich) χαρούμενος [cha'rumänos]
früh νωρίς [no'ris], πρωί [pro'i]
Frühstück το πρωινό [to proi'no] ➤48, 70 f.
fühlen αισθάνομαι [ä'sθanomä]
Führer (für Fremde) ο ξεναγός [o ksäna'gos]
Führerschein η άδεια οδήγησης [i 'aðja o'ðiji-sis]
Führung η ξενάγηση [i ksä'najisi] ➤79
Fundbüro το γραφείο απωλεσθέντων αντικειμένων [to gra'fio apoläs'θänton andiki'-mänon] ➤101
funktionieren λειτουργώ [litur'go]
für για akk [ja]
fürchten, s. ~ vor φοβάμαι akk [fo'wamä]
fürchterlich φοβερός [fowä'ros], τρομερός [tromä'ros]

■ **G**

Gabel το πιρούνι [to pi'runi]
Gang (Flur) ο διάδρομος [o 'ðjaðromos]; (Auto) η ταχύτητα [i ta'chitita]
ganz adj ολόκληρος [o'lokliros]; adv εντελώς [ändä'los]

Garage το γκαράζ [to ga'ras]
Garantie η εγγύηση [i än'giisi]
Garten ο κήπος [o 'kipos]
Gast ο φιλοξενούμενος [o filoksä'numänos]; (Hotelgast) ο πελάτης [o pä'latis]
Gastgeber/in ο οικοδεσπότης/ η οικοδέσποινα [o ikoðä'spotis/i iko'ðäspina]
Gasthaus/Gasthof το εστιατόριο [to ästia'torio]; (zum Übernachten) το πανδοχείο [to panðo'chio]
Gebäude το κτίριο [to 'ktirjo] ➤80
geben δίνω ['ðino]
Gebet η προσευχή [i prosäf'chi]
Gebirge η οροσειρά [i orosi'ra]
geboren γεννημένος [jäni'mänos]
Gebühr τα τέλη [ta 'täli]
Geburt η γέννηση [i 'jänisi]
Geburtsdatum η ημερομηνία γεννήσης [i imäromi'nia jä'nisis]
Geburtsname το γένος [to 'jänos] ➤24
Geburtsort ο τόπος γεννήσης [o 'topos jä'nisis] ➤24
Geburtstag τα γενέθλια [ta jä'näθlia] ➤14 f.
Gedanke η σκέψη [i 'skäpsi]
gefährlich επικίνδυνος [äpi'kinðinos]
Gefallen η χάρη [i 'chari]
Gefängnis η φυλακή [i fila'ki] ➤104
Gefühl το αίσθημα [to 'äsθima], το συναίσθημα [o si'näsθima]
gegen (wider) εναντίον gen [änan'dion], κατά gen [ka'ta]; (zeitlich) κατά akk [ka'ta]
Gegend η περιοχή [i pärio'chi]
Gegenstand το αντικείμενο [to andi'kimäno]
Gegenteil το αντίθετο [to an'diθäto]
geheim μυστικός [misti'kos], κρυφός [kri'fos]
gehen πηγαίνω [pi'jäno]
gehören ανήκω [a'niko]
Geistlicher ο κληρικός [o kliri'kos]
gelb κίτρινος ['kitrino]
Geld το χρήμα [to 'chrima], (oft pl:) τα χρήματα [ta 'chrimata] ➤99 f.
Geldautomat το μηχάνημα αυτόματης συναλλαγής [to mi'chanima af'tomatis sinala'jis] ➤99 f.
Geldbeutel το πορτοφόλι [to porto'foli] ➤103 f.
Geldstück το κέρμα [to 'kärma]
Geldwechsel η ανταλλαγή συναλλάγματος [i andala'ji sina'lagmatos] ➤99 f.
Gelegenheit η ευκαιρία [i äfkä'ria]
gemeinsam adj κοινός [ki'nos]; adv από κοινού [a'po ki'nu]
gemischt ανάμικτος [a'namiktos]
Gemüse λαχανικά [lachani'ka] ➤43, 51 f.
genau adj ακριβής [akri'wis] ; adv [akriwos]
genießen απολαμβάνω [apolam'wano]
genug αρκετά [arkä'ta]
geöffnet ανοιχτός [ani'chtos]
Gepäck οι αποσκευές [i aposkä'wäs] ➤31 f., 34
geradeaus κατευθείαν [katäf'θian]

Gericht (Justiz) το δικαστήριο [to δika'stirio]
>104; (Essen) το φαγητό [to faji'to] >48 ff.
gern ευχαρίστως [äfcha'ristos]
Geruch η μυρωδιά [i miro'δja]
Geschäft (Laden) το κατάστημα [to ka'tastima]
>54 ff.
geschehen συμβαίνει [sim'wäni]
Geschenk το δώρο [to 'δoro]
Geschichte η ιστορία [i isto'ria]
geschlossen κλειστός [kli'stos]
Geschmack (Speise) η γεύση [i 'jäfsi]; (Gusto)
το γούστο [to 'gusto]
Geschwindigkeit η ταχύτητα [i ta'chitita]
Gesellschaft η κοινωνία [i kino'nia]
Gespräch η συνομιλία [i sinomi'lia]
gesund (Mensch) υγιής [iji'is]; (Vitamine, Sport)
υγιεινός [ijii'nos]
Gesundheit η υγεία [i i'jia]
Getränk το ποτό [to po'to] >40, 47, 52 f.
getrennt (Paar) χωρισμένος [chori'smänos];
(einzeln) χωριστός [choris'tos]
Gewicht το βάρος [to 'waros]
gewinnen κερδίζω [kär'δiso]
gewiss adv βεβαίως [wä'wäos]
Gewitter η καταιγίδα [i katä'jiδa]
gibt, es ~ υπάρχει [i'parchi], έχει akk ['ächi]
Gift το δηλητήριο [to δili'tirio]
Gipfel η κορυφή [i kori'fi]
Gitarre η κιθάρα [i ki'θara]
Glas (Trink~) το ποτήρι [to po'tiri]
Glaube η πίστη [i 'pisti]
glauben πιστεύω [pi'stäwo]
gleich (1) adj όμοιος ['omios], ίσος ['isos]
gleich (2) (sofort) αμέσως [a'mäsos], σε λίγο
[sä 'ligo]
Glück (~sfall) η τύχη [i 'tichi], (Glücklichsein) η
ευτυχία [i äfti'chia]
glücklich ευτυχισμένος [äftichi'smänos]
Glückwunsch τα συγχαρητήρια [ta si'ngchari'-
tiria] >14 f.
Gott ο Θεός [o θä'os]
Gottesdienst η λειτουργία [i litur'jia]
Grab ο τάφος [o 'tafos]
Grad ο βαθμός [o waθ'mos]
gratulieren συγχαίρω [sing'chäro]
grau γκρι [gri]
Grenze τα σύνορα [ta 'sinora] >24
Griechenland η Ελλάδα [i ä'laδa]
griechisch (Ding, Zustand) ελληνικός [älini'kos];
(Mann) Έλληνας ['älinas], (Frau) Ελληνίδα
[äli'niδa]
groß μεγάλος [mä'galos]; (vertikal, hochgewach-
sen) ψηλός [psi'los] (bedeutend) μ [simandi-
kos]
Größe (dreidimensional, Konfektions~) το
μέγεθος [to 'mäjäθos]; (Ausdehnung) η
έκταση [i 'äktasi]; (Bedeutsamkeit) η
σπουδαιότητα [i spuδä'otita]
Großmutter η γιαγιά [i ja'ja]
Großvater ο παππούς [o pa'pus]
grün πράσινος ['prasinos]
Grund ο λόγος [o 'logos]; (Boden) ο πυθμένας
[o piθ'mänas]
Gruppe η ομάδα [i o'maδa]
grüßen χαιρετώ [chärä'to]
gültig έγκυρος ['ängiros] >24
gut adj καλός [ka'los]; adv καλά [ka'la]

H

Haar τα μαλλιά [ta ma'lja] >61
haben έχω ['ächo]
Hafen το λιμάνι [to li'mani] >35, 81
halb μισός [mi'sos]
Halle η αίθουσα [i 'äθusa]
hallo γεια σου/γεια σας ['jasu/'jasas]
halt! στοπ [stop]
halten σταματώ [stama'to]
Haltestelle η στάση [i'stasi] >36
Handy το κινητό τηλέφωνο [to kini'to ti'läfono]
>107
hart σκληρός [skli'ros]
hässlich άσχημος ['aßchimos]
häufig adv συχνά [si'chna]
Haus το σπίτι [to 'spiti]
Hausbesitzer ο ιδιοκτήτης σπιτιού [o iδjo'ktitis
spi'tju] >74
Haushaltswaren οικιακά είδη [ikia'ka 'iδi]
>75 f.
heilig άγιος ['ajos]
Heimat η πατρίδα [i pa'triδa]
heimlich κρυφός [kri'fos]
Heimreise το ταξίδι επιστροφής [to ta'ksiδi
äpistro'fis]
heiraten παντρεύομαι [pan'δräwomä]
heiß ζεστός [sä'stos]
heißen ονομάζομαι [ono'masomä], λέγομαι
['lägomä]
heiter (Mensch) χαρούμενος [cha'rumänos];
(Wetter) αίθριος ['äθrios]
Heizung η θέρμανση [i 'θärmansi]
helfen, jdm ~ βοηθώ κάποιον [woi'θo 'kapion]
hell φωτεινός [foti'nos]; (Farbe) ανοιχτός
[ani'chtos]
herein! εμπρός! [äm'bros], περάστε! [pä'rastä]
hereinkommen μπαίνω ['bäno]
Herr ο κύριος [o 'kirios]; (Anrede) κύριε ['kiriä]
heute σήμερα ['simära]
hier εδώ [ä'δo]
hierher προς τα δω [pros ta δo]
Hilfe η βοήθεια [i wo'iθia]
Himmel ο ουρανός [o ura'nos]
hinlegen βάζω εκεί ['waso ä'ki]; **s. ~**
ξαπλώνομαι [ksa'plonomä]
hinsetzen, s. ~ κάθομαι ['kaθomä]
hinter πίσω από ['piso a'po]
Hobby το χόμπι [to 'chombi] >16 f.
hoch (υ)ψηλός [(i)psi'los]

Hochzeit ο γάμος [o 'gamos]
hoffen ελπίζω [äl'piso]
höflich ευγενικός [äwjäni'kos]
Höhe το ύψος [to 'ipsos]
Holz το ξύλο [to 'ksilo]
Honorar η αμοιβή [i ami'wi]
hören ακούω [a'kuo]
Hotel το ξενοδοχείο [to ksänoðo'chio] ➤ 8 ff., 68 ff.
hübsch όμορφος ['omorfos]
Hügel ο λόφος [o 'lofos]
Hund ο σκύλος [o 'skilos], το σκυλί [to ski'li]
Hunger η πείνα [i 'pina]
hungrig πεινασμένος [pina'smänos]
Hütte η καλύβα [i ka'liwa]

■ I

ich εγώ [ä'go]
Idee η ιδέα [i i'ðäa]
ihr (1) pers prn pl εσείς [ä'sis]
ihr (2) poss prn δικός της [ði'kos tis], ... της [tis]
Imbiss ο μεζές [o mä'säs]
immer πάντα ['panda]
imstande sein είμαι σε θέση ['imä sä 'θäsi]
in akk σε [sä]
inbegriffen περιλαμβανομένου gen [pärilam-wano'mänu]
informieren πληροφορώ [plirofo'ro]
Inhalt το περιεχόμενο [to päria'chomäno]
innen μέσα ['mäsa]
Innenstadt το κέντρο [to 'kändro]
innerhalb μέσα σε akk ['mäsa sä]
Insekt το έντομο [to 'ändomo]
Insel το νησί [to ni'si]
interessieren, s. ~ (für) ενδιαφέρομαι (για) akk [änðia'färomä (ja)]
international διεθνής [ðiäθ'nis]
Internet [to 'indärnät] ➤ 102
irren, s. ~ κάνω λάθος ['kano 'laθos]
Irrtum το λάθος ['laθos]

■ J

Jahr ο χρόνος [o 'chronos]
Jahreszeit η εποχή [i äpo'chi] ➤ 20
jeder adj κάθε ['kaθä]; prn ο καθένας [o ka'θänas]
jedes Mal κάθε φορά ['kaθä fo'ra]
jemand κάποιος ['kapios]
jetzt τώρα ['tora]
Jugendherberge ο ξενώνας νέων [ksä'nonas 'näon] ➤ 68, 77
jung νέος ['näos]
Junge το αγόρι [to a'gori]
Junggeselle ο εργένης [o är'jänis]

■ K

Kabine η καμπίνα [i ka'bina]
Kaffee ο καφές [o ka'fäs]
kalt κρύος ['krios], ψυχρός [psi'chros]
Kanal το κανάλι [to ka'nali]
Kapelle (Gebäude) το παρεκκλήσι [to parä'klisi] ➤ 80
kaputt χαλασμένος [chala'smänos]
Käse Τυρί [ti'ri] ➤ 45, 48, 64
Kasse το ταμείο [to ta'mio]
Katze η γάτα [i 'gata]
Kauf η αγορά [i ago'ra]
kaufen αγοράζω [ago'raso]
kaum μόλις ['molis]
Kaution η εγγύηση [i äng'iisi]
keiner κανένας [ka'nänas]
Kellner/-in ο σερβιτόρος/η σερβιτόρα [o särwi'toros/i särwi'tora]
kennen γνωρίζω [gno'riso]
kennen lernen γνωρίζω [gno'riso] ➤ 12 f.
Kind το παιδί [to pä'ðì] ➤ 102 f.
Kino το σινεμά [to sinä'ma] ➤ 83 f.
Kirche η εκκλησία [i ekli'sia]
Kissen το μαξιλάρι [to maksi'lari]
Kleidung τα ρούχα [ta 'rucha] ➤ 61 ff.
klein μικρός [mi'kros]
Kleingeld τα ψιλά [ta psi'la]
Klima το κλίμα [to 'klima]
Klingel το κουδούνι [to ku'ðuni]
klingeln κουδουνίζω [kuðu'niso]
klug έξυπνος ['äksipnos]
Kneipe το μαγαζί [to maga'si]
kochen (Wasser) βράζω ['wraso], (Essen) μαγειρεύω [maji'räwo]
Koffer η βαλίτσα [i wa'litsa]
Kohle το κάρβουνο [to 'karwuno]
kommen έρχομαι ['ärchomä]; (an~) φτάνω ['ftano]
Kompass η πυξίδα [i pi'ksiða]
Komplimente Κομπλιμέντα [kombli'mända] ➤ 15 f.
Kondom το προφυλακτικό [to profilakti'ko]
Konfession η θρησκεία [i θri'skia]
können μπορώ [bo'ro]; (gelernt haben) ξέρω ['ksäro]
Konsulat το προξενείο [to proksä'nio]
Kontakt η επαφή [i äpa'fi]
kontrollieren ελέγχω [ä'längcho]
Konzert η συναυλία [i sina'wlia] ➤ 83 f.
Körper το σώμα [to 'soma] ➤ 94 ff.
kosten κοστίζω [ko'stiso]
krank άρρωστος ['arostos] ➤ 92 ff.
Krankenhaus το νοσοκομείο [to nosoko'mio] ➤ 95
Krankenwagen το ασθενοφόρο [to asθäno'foro]
Krankheit η αρρώστια [i a'rostia] ➤ 92 ff.
Kreditkarte η πιστωτική κάρτα [i pistoti'ki 'karta] ➤ 54, 71, 100

Krieg ο πόλεμος [o 'polämos]
kritisieren κριτικάρω [kriti'karo]
Küche η κουζίνα [i ku'sina]
kühl ψυχρός [psi'chros], δροσερός [ðrosä'ros]
Kultur ο πολιτισμός [o politis'mos] ➤ 79 ff.
Kummer η θλίψη [i 'θlipsi]
kümmern, s. ~ um φροντίζω για [fron'diso ja]
Kurs η πορεία [i po'ria]
Kurve η στροφή [i stro'fi]
kurz (~gefasst) σύντομος ['sindomos]
kürzlich adv προσφατα ['prosfata]
Kuss το φιλί [to fi'li]
küssen φιλώ [fi'lo]
Küste η ακτή [i a'kti], η παραλία [i para'lia]

▊ L

lachen γελώ [jä'lao]
Laden το κατάστημα [to ka'tastima]
Lage (Situation) η κατάσταση [i ka'tastasi]; (eines Ortes) η τοποθεσία [i topoθä'sia]
Land η χώρα [i 'chora]; (Gegensatz zu Wasser) η ξηρά [i ksi'ra]
Landkarte ο χάρτης [o 'chartis] ➤ 67
Landschaft το τοπίο [to to'pio]
lang (räumlich) μακρύς [ma'kris]; (zeitlich) μεγάλος [mä'galos]
Länge (räumlich) το μήκος [to 'mikos], (zeitlich) το μάκρος [to 'makros]
langsam adj αργός [ar'gos]
langweilig βαρετός [warä'tos]
Lärm ο θόρυβος [o 'θoriwos]
lassen αφήνω [a'fino]
lästig ενοχλητικός [änochliti'kos]
Lastwagen το φορτηγό [to forti'go]
laufen (gehen) περπατώ [pärpa'to]; (rennen) τρέχω ['trächo]
laut δυνατός [ðina'tos]
Lautsprecher το μεγάφωνο [to mä'gafono]
Leben η ζωή [i so'i]
leben ζω [so]
Lebensmittel τα τρόφιμα [ta 'trofima] ➤ 43 ff., 63 f.
ledig ανύπαντρος [an'ipandros], άγαμος ['agamos] ➤ 24
leer άδειος ['aðios]
legen βάζω ['waso]
leicht (einfach) εύκολος ['äfkolos]; (Gewicht) ελαφρύς [äla'fris]
leider δυστυχώς [ðisti'chos]
leihen δανείζω [ða'niso]
leise σιγά [si'ga]
Leiter f η σκάλα [i 'skala]
Leiter/-in ο διευθυντής [o ðiäfθi'ndis]/ η διευθύντρια [i ðiäf'θindria]
lesen διαβάζω [ðia'waso]
letzte(r, s) τελευταίος [tälä'ftäos]
Leute οι άνθρωποι [i 'anθropi], ο κόσμος [o 'kosmos]

Licht το φως [to fos]
lieb αγαπητός [agapi'tos]
lieben αγαπώ [aga'po]
liebenswürdig (liebenswert) αξιαγάπητος [aksia'gapitos]; (freundlich) ευγενικός [äwjäni'kos]
lieber (vorzugsweise) προτιμότερα [proti'motära]; (besser) καλύτερα [ka'litära]
Lied το τραγούδι [to tra'guði]
liegen (s. befinden) βρίσκομαι ['wriskomä]; (ausgestreckt sein) είμαι ξαπλωμένος ['imä ksaplo'mänos]
links αριστερά [aristä'ra]
Loch η τρύπα [i 'tripa]
Löffel το κουτάλι [to ku'tali]
Lokal το εστιατόριο [to ästia'torio]
löschen σβήνω ['swino]
Luft ο αέρας [o a'äras]
Lüge το ψέμα [to 'psäma]
lustig (froh) εύθυμος ['äfθimos]; (erheiternd) αστείος [a'stios]

▊ M

machen (tun) κάνω ['kano]; (herstellen) φτιάχνω ['ftjachno]
Mädchen το κορίτσι [to ko'ritsi]
Mahlzeit το γεύμα [to 'jäwma]
Mal η φορά [i fo'ra]
man κανείς [ka'nis]
manchmal κάπου κάπου ['kapu 'kapu]
Mangel (Fehlen) η έλλειψη [i 'älipsi]; (Fehler) το ελάττωμα [to ä'latoma]
Mann (auch Ehe~) ο άνδρας [o 'anðras]
männlich (Geschlecht) αρσενικός [arsäni'kos]; (mannhaft) ανδρικός [anðri'kos]
Markt η αγορά [i ago'ra] ➤ 56, 81
Maschine η μηχανή [i micha'ni]
Maß το μέτρο [to 'mätro]
Medikament το φάρμακο [to 'farmako] ➤ 57, 60
Meer η θάλασσα [i 'θalasa]
mehr περισσότερο [päri'sotäro], πιο πολύ [pio po'li]
mein δικός μου [ði'kos mu], … μου [mu]
meinen verb (glauben) νομίζω [no'miso]; (im Sinn haben) εννοώ [äno'o]
Meinung η γνώμη [i 'gnomi]
Mensch ο άνθρωπος [o 'anθropos]
merken καταλαβαίνω [katala'wäno]; **s. etw ~** θυμάμαι κάτι [θi'mamä 'kati]
Messe (Kirche) η λειτουργία [i litur'jia]; (Ausstellung) η έκθεση [i 'äkθäsi]
Messer το μαχαίρι [to ma'chäri]
mich εμένα [ä'mäna], με [mä]
Miete το ενοίκιο [to ä'nikio]
mieten νοικιάζω [ni'kjaso]
Mietwagen Ενοικιαζόμενο αυτοκίνητο [änikja'zomäno afto'kinito]
mindestens τουλάχιστον [tu'lachiston]
minus μείον ['mion]

Minute το λεπτό [to läp'to]
mir σ΄εμένα [sä'mäna], … μου [mu]
misstrauen δυσπιστώ [ðispi'sto]
missverstehen παρεξηγώ [paräksi'go]
mit με akk [mä]
mitbringen φέρνω μαζί ['färno ma'si]
mitnehmen παίρνω μαζί ['pärno ma'si]
Mittag το μεσημέρι [to mäsi'märi]
Mittagessen το μεσημεριανό φαγητό [to mä-simäria'no faji'to]
Mitte η μέση [i 'mäsi]
mitteilen πληροφορώ [plirofo'ro]
Mittel το μέσο [to 'mäso]; (Heil~) το φάρμακο [to 'farmako]
Möbel το έπιπλο [to 'äpiplo]
Mode η μόδα [i 'moða] ➤ 61 ff.
modern σύγχρονος ['singchronos], μοντέρνος [mo'därnos]
mögen (Modalverb) μου αρέσει να [mu a'räsi na]
möglich δυνατός [ðina'tos]
Moment η στιγμή [i stig'mi]
Monat ο μήνας [o 'minas] ➤ 20
Mond το φεγγάρι [to fäng'gari]
Morgen το πρωί [to pro'i]
morgens το πρωί [to pro'i]
Motor ο κινητήρας [o kini'tiras] ➤ 26, 29
Motorrad το μηχανάκι [to micha'naki] ➤ 25 ff.
Mücke το κουνούπι [to ku'nupi]
müde κουρασμένος [kuras'mänos]
Mühe ο κόπος [o 'kopos]
Müll τα σκουπίδια [ta sku'piðja], τα απορρίμματα [ta apo'rimata]
Münze το κέρμα [to 'kärma] ➤ 100
Museum το μουσείο [to mu'sio] ➤ 79, 81
Musik η μουσική [i musi'ki]
müssen πρέπει ['präpi]
Mutter η μητέρα [i mi'tära]

nach (Richtung) προς [pros]
Nachbar/-in ο γείτονας/η γειτόνισσα [o 'jitonas / i ji'tonisa]
nachher ύστερα ['istära], μετά [mä'ta]
nachmittags το απόγευμα [to a'pojäwma]
Nachricht το μήνυμα [to 'minima]
Nachrichten(sendung) οι ειδήσεις [i 'iðisis]
nachsehen κοιτάζω [ki'taso]
nächste(r, s) επόμενος [ä'pomänos]
Nacht η νύχτα [i 'nichta]
nackt γυμνός [ji'mnos]
nahe κοντά σε akk [kon'da sä]
Nahverkehr η τοπική συγκοινωνία [topi'ki singino'nia] ➤ 36 f.
Name το όνομα [to 'onoma] ➤ 13
nass βρεγμένος [wräj'mänos]; (durchnässt) καταβρεγμένος [katawräj'mänos]
Nation το έθνος [to 'äθnos]

Natur η φύση [i 'fisi]
natürlich adj φυσικός [fisi'kos]; adv φυσικά [fisi'ka]
neben δίπλα σε akk ['ðipla sä]
Neffe ο ανηψιός [o ani'psjos]
nehmen παίρνω ['pärno]
nennen ονομάζω [ono'maso]
nervös νευρικός [näwri'kos]
nett ευγενικός [äwjäni'kos]
neu νέος ['näos], καινούργιος [kä'nurjos]
neugierig περίεργος [pä'riärgos]
Neuigkeit το νέο [to 'näo]
nicht δεν [ðän], όχι ['ochi]
Nichte η ανηψιά [i ani'psja]
nichts τίποτα ['tipota], τίποτε ['tipotä]
nie ποτέ [po'tä]
niedrig χαμηλός [chami'los]
niemand κανένας [ka'nänas]
nirgends πουθενά [puθä'na]
noch ακόμα [a'koma], ακόμη [a'komi]
Norden ο βορράς [o wo'ras]
normal κανονικός [kanoni'kos], φυσιολογικός [fisioloji'kos]
Notausgang η έξοδος κινδύνου [i 'äksoðos kin'ðinu] ➤ 32
Notbremse σήμα κινδύνου ['sima kin'ðinu] ➤ 34
nötig αναγκαίος [ana'ngäos], απαραίτητος [apa'rätitos]
Notrufsäule τηλέφωνο έκτακτης ανάγκης [ti'läfono 'äktaktis a'nangis] ➤ 29
Nummer ο αριθμός [o ariθ'mos]
nun τώρα ['tora]
nur μόνο ['mono]

ob αν [an]
oben πάνω ['pano]
Ober ο σερβιτόρος [särwi'toros]; (Anrede) γκαρσόν [gar'son]
Obst τα φρούτα [ta 'fruta] ➤ 44, 52, 64
oder ή [i]
Ofen η σόμπα [i 'soba]
offen ανοιχτός [anich'tos]
öffentlich δημόσιος [ði'mosios]
öffnen ανοίγω [a'nigo]
Öffnungszeiten ώρες λειτουργίας ['oräs litur'jias] ➤ 55
oft συχνά [si'chna]
ohne χωρίς akk [cho'ris]
ohnmächtig λιπόθυμος [li'poθimos]
Öl (Speise~) το λάδι [to 'laði]
Onkel ο θείος [o 'θios]
Optiker κατάστημα οπτικών [to ka'tastima opti'kon] ➤ 56, 64 f.
Ort ο τόπος [o 'topos]
Osten η ανατολή [i anato'li]
Österreich η Αυστρία [i af'stria]

Österreicher/-in ο Αυστριακός [o afstria'kos],
η Αυστριακή [i afstria'ki]
Ozean ο ωκεανός [o okäa'nos]

P

Paar, ein ~ ένα ζευγάρι ['äna sä'wgari]; (Ehe~)
το αντρόγυνο [to an'drojino]
Päckchen το μικρό δέμα [to mi'kro 'däma]
packen (Koffer) φτιάχνω ['ftjachno]
Paket το δέμα [to 'däma] ➤ 105
Panne η βλάβη [i'wlawi] ➤ 26, 29
Papiere τα χαρτιά [ta char'tja] ➤ 104
Park το πάρκο [to 'parko]
parken σταθμεύω [staθ'mäwo], παρκάρω
[par'karo]
Pass (Ausweis) το διαβατήριο [to διawa'tirio];
(Gebirge) η διάβαση [i δi'awasi]
Passagier ο επιβάτης [o äpi'watis]
passieren περνώ [pär'no]
Passkontrolle έλεγχος διαβατηρίων
['älängchos διawati'rion] ➤ 24
Pension η πανσιόν [i pansi'on] ➤ 10 f., 68 ff.
Person το πρόσωπο [to 'prosopo], το άτομο
[to 'atomo]
Personal το προσωπικό [to prosopi'ko]
Personalausweis η ταυτότητα [i ta'ftotita]
Personalien τα προσωπικά στοιχεία [ta proso-
pi'ka sti'chia]
Pfand το ενέχυρο [to ä'nächiro]
Pflanze το φυτό [to fi'to]
Pflicht το καθήκον [to ka'θikon]
Platz (in der Stadt) η πλατεία [i pla'tia]; (Sitz) η
θέση [i 'θäsi]; (Raum) ο χώρος [o 'choros]
plötzlich adv ξαφνικά [ksafni'ka]
plus συν [sin]
Politik η πολιτική [i politi'ki]
Polizei η αστυνομία [i astino'mia] ➤ 103 f.
Portier ο θυρωρός [o θiro'ros]
Postamt το ταχυδρομείο [to tachiδro'mio]
➤ 104 f.
Preis η τιμή [i ti'mi]
Priester ο ιερέας [o iä'räas]
pro ανά [a'na]
Programm το πρόγραμμα [to 'programa] ➤ 78 ff.
Promille το ποσοστό επί τοις χιλίοις [to po-
so'sto ä'pi tis chi'liis]
Prozent το ποσοστό επί τοις εκατό
[to posos'tó ä'pi tis äka'to]
prüfen εξετάζω [äksä'taso]
pünktlich adv ακριβώς στην ώρα [akri'wos stin
'ora]
putzen καθαρίζω [kaθa'riso]

Q

Qualität η ποιότητα [i 'pjotita]
Quelle η πηγή [i pi'ji]
quittieren δίνω απόδειξη ['δino a'poδiksi]

R

Rabatt η έκπτωση [i 'äkptosi]
Rad fahren ποδηλατώ [poδila'to] ➤ 25 ff., 89
Radio το ραδιόφωνο [to ra'δjofono]
Rampe η ράμπα [i 'ramba]
Rand (Teller~) η άκρη [i 'akri], (Blatt~) το
περιθώριο [to päri'θorio]
rasch adv γρήγορα ['grigora]
Raststätte η στάση [i 'stasi]
raten (Rat erteilen) συμβουλεύω [simwu'läwo];
(er~) μαντεύω [man'däwo]
Rathaus το δημαρχείο [to δimar'chio] ➤ 81
rauchen καπνίζω [ka'pniso]
Raucher (Schild) Καπνιστές [kapni'stäs]
Raum (Zimmer) το δωμάτιο [to δo'matio]
rechnen λογαριάζω [logar'jaso], υπολογίζω
[ipolo'jiso]
Rechnung ο λογαριασμός [o logarias'mos]
Recht (System) το δίκαιο [to 'δikäo], (Anspruch)
το δικαίωμα [to δi'käoma]
Recht haben έχω δίκιο ['ächo 'δikio] ➤ 38 f.
rechts δεξιά [δä'ksja]
rechtzeitig adv έγκαιρα ['ängära]
reden μιλώ [mi'lo]
regeln κανονίζω [kano'niso], ρυθμίζω
[riθ'miso]
Regierung η κυβέρνηση [i ki'wärnisi]
regnen βρέχει ['wrächi]
reich πλούσιος ['plusios]
Reihe η σειρά [i si'ra]
reinigen καθαρίζω [kaθa'riso]
Reise το ταξίδι [to ta'ksiδi]
Reisebüro το γραφείο ταξιδίων [to gra'fio
taksi'δion]
Reiseführer (Buch) ο ταξιδιωτικός οδηγός
[o taksiδioti'kos oδi'gos]
reisen (nach) ταξιδεύω (σε) akk [taksi'δäwo
(sä)]
Reisepass το διαβατήριο [to δjawati'rio] ➤ 24,
104
Reiseroute η πορεία του ταξιδιού [i po'ria tu
taksi'δju]
Reisescheck η ταξιδιωτική επιταγή
[i taksiδioti'ki äpita'ji] ➤ 100
reklamieren υποβάλλω παράπονα για
[ipo'walo pa'rapona ja] ➤ 40, 70
Reparatur η επισκευή [i äpiskä'wi]
Reservierung το κλείσιμο θέσης [to 'klisimo
'θäsis] ➤ 38 f., 69
Rest το υπόλοιπο [to i'polipo]
Restaurant το εστιατόριο [to ästia'torio] ➤ 38 ff.
retten σώζω [so'so]
Rettungsboot η σωσίβιος λέμβος [i so'siwios
'lämwos]
Rezeption η ρεσεψιόν [i räsäp'sjon] ➤ 69 ff.
richtig (Gegensatz zu falsch) σωστός [so'stos];
(geeignet) κατάλληλος [ka'talilos]
Richtung η κατεύθυνση [i ka'täfθinsi]

riechen μυρίζω [mi'riso]
Risiko το ρίσκο [to 'risko]
Rollstuhl το αναπηρικό καροτσάκι [to anapi-rik'o karo'tsaki]
rot κόκκινος ['kokinos]
Route η πορεία ταξιδίου [i po'ria taksi'ðiu]
Rückfahrt η επιστροφή [i apistro'fi]
rufen φωνάζω [fo'naso]
Ruhe (Stille) η ησυχία [i isi'chia]
ruhig ήσυχος ['isichos]
rund στρογγυλός [strongi'los]

▆▆ S

Saal η αίθουσα [i 'äθusa]
Sache (Angelegenheit) η υπόθεση [i i'poθäsi]
sagen λέω ['läo]
Saison η σεζόν [i sä'son]
sammeln συλλέγω [si'lägo]
satt χορτάτος [chor'tatos]
Satz η πρόταση [i 'protasi], η φράση [i 'frasi]
sauber καθαρός [kaθa'ros]
schade, es ist ~ είναι κρίμα [inä 'krima]
schaden ζημιώνω [si'mjono], βλάπτω ['wlapto]
Schadenersatz η αποζημίωση [i aposi'miosi]
schädlich βλαβερός [wlawä'ros]
Schalter (Bank~, Post~) η θυρίδα [i θi'riða]
schauen κοιτάζω [ki'taso]
Scheck η επιταγή [i äpita'ji] ➤ 99 f.
schenken δωρίζω [ðo'riso]
schicken στέλνω ['stälno]
Schiff το πλοίο [to plio] ➤ 35 f..
Schild (das ~) η πινακίδα [i pina'kiða]
schimpfen μαλώνω [ma'lono]
Schirm η ομπρέλα [i om'bräla]
schlafen κοιμάμαι [ki'mamä]
schlank λεπτός [lä'ptos]
schlecht adj άσχημος ['asчimos]; adv άσχημα ['asчima]
schließen κλείνω ['klino]
Schloss (Gebäude) τα ανάκτορα [ta a'naktora]; (Tür) η κλειδαριά [i kliðar'ja]
Schlüssel το κλειδί [to kli'ði]
schmerzen πονώ [po'no]
Schmuck τα κοσμήματα [ta kos'mimata] ➤ 65
schmuggeln κάνω λαθρεμπόριο ['kano laθrä'mborio]
Schmutz η ακαθαρσία [i akaθar'sia]
schmutzig βρώμικος ['wromikos]
schneiden κόβω ['kowo]
schneien χιονίζει [chio'nisi]
schnell adj γρήγορος ['grigoros]; adv γρήγορα ['grigora]
Schnellimbiss το φαστφουντάδικο [to fastfun'daðiko]
schon ήδη ['iði]
schön όμορφος ['omorfos], ωραίος [o'räos]
schrecklich (entsetzlich) τρομακτικός [tromak-ti'kos]; (scheußlich) απαίσιος [a'päsios]

schreiben γράφω ['grafo]
Schreibwaren είδη χαρτικής ['iði charti'kis] ➤ 67
schreien κραυγάζω [kraw'gaso]
Schrift (Hand~) η γραφή [i gra'fi]
schriftlich γραπτός [gra'ptos]
schüchtern ντροπαλός [dropa'los]
Schuh το παπούτσι [to pa'putsi] ➤ 65 f.
Schuld το φταίξιμο [to 'ftäksimo]
schulden χρωστώ [chro'sto]
Schuss ο πυροβολισμός [o pirowolis'mos]
Schutz η προστασία [i prosta'sia]
schwach αδύναμος [a'ðinamos]
Schwager (Mann der Schwester) ο γαμπρός [o gam'bros]; (Bruder des Ehemanns/der Ehefrau) ο κουνιάδος [o kun'jaðos]
Schwägerin (Frau des Bruders) η νύφη [i 'nifi]; (Schwester des Ehemanns/der Ehefrau) η κουνιάδα [i kun'jaða]
schwanger έγκυος ['angios]
schwarz μαύρος ['mawros]
Schweigen η σιωπή [i sio'pi]
Schweiz η Ελβετία [i älwä'tia]
Schweizer/-in ο Ελβετός/η Ελβετίδα [o älwä'tos/i älwä'tiða]
schwer (Gewicht, Krankheit) βαρύς [wa'ris]; (schwierig) δύσκολος ['ðiskolos]
Schwester η αδελφή [i aðäl'fi]; (Kranken~) η νοσοκόμα [i noso'koma]
schwierig δύσκολος ['ðiskolos]
Schwimmbad η πισίνα [i pi'sina]
Schwimmen η κολύμβηση [i ko'limwisi] ➤ 85 ff.
schwindlig (sein/werden) ζαλίζομαι [sa'lisomä]
schwitzen ιδρώνω [i'ðrono]
See f (Meer) η θάλασσα [i 'θalasa]; m (Binnen~) η λίμνη [i 'limni]
sehen βλέπω ['wläpo]
Sehenswürdigkeiten τα αξιοθέατα [ta aksio'θäata] ➤ 78 ff.
sehr πολύ [po'li]
sein verb είμαι ['imä]; poss prn δικός του [ði'kos tu], ... του [tu]
seit εδώ και ... akk [ä'ðo kä]; conj από τότε που [a'po 'totä pu]
Seite η πλευρά [i plä'wra]; (Buch~) η σελίδα [i sä'liða]
Sekunde το δευτερόλεπτο [to ðäftä'roläpto]
Selbstbedienungsladen το κατάστημα αυτοεξυπηρέτησης [to ka'tastima aftoäksipirä'tisis]
selten adj σπάνιος ['spanios]; adv σπάνια ['spania]
senden (schicken) στέλνω ['stälno]
Sendung (Radio, Fernsehen) η εκπομπή [i äkpom'bi]
servieren σερβίρω [sär'wiro]
setzen, s. ~ κάθομαι ['kaθomä]
Sex το σεξ [to säks]
sicher adj σίγουρος ['siguros]; adv σίγουρα ['sigura]

Sicherheit η σιγουριά [i sigur'ja]
Sicherung (elektrische) η ασφάλεια [i as'falia]
Sicht(verhältnisse) η ορατότητα [i ora'totita]
sichtbar ορατός [ora'tos]
sie sing αυτή [af'ti]; pl αυτοί m, αυτές f, αυτά
m [af'ti, af'täs, af'ta]
singen τραγουδώ [tragu'ðo]
sitzen κάθομαι ['kaθomä]
Smalltalk Κουβεντούλα [kuwän'dula] **>** 16 f.
so έτσι ['ätsi], λοιπόν [li'pon]
sofort αμέσως [a'mäsos]
sogar (auch, selbst) ακόμα και [kä 'malista];
(Steigerung) και μάλιστα [kä 'malista]
Sohn ο γιός [o jos]
sollen πρέπει ['präpi]
Sonne ο ήλιος [o 'ilios]
Sonnenbrille τα γυαλιά ηλίου [ta jal'ja i'liu]
sonnig ηλιόλουστος [il'jolustos]
sorgen, ~ für φροντίζω για akk [fron'diso ja]; **s.**
~ um ανησυχώ για akk [anisi'cho ja]
Sorte (Zigaretten) η μάρκα [i 'marka]
Souvenirs Τα σουβενίρ [ta suwä'nir] **>** 66
Spaß (Scherz) το αστείο [to a'stio]; (Vergnügen)
η διασκέδαση [i ðias'käðasi]
spät adv αργά [ar'ja]
später adv αργότερα [ar'gotära]
spazieren gehen κάνω βόλτα ['kano 'wolta]
Speisekarte ο κατάλογος φαγητών
[o ka'talogos faji'ton] **>** 40, 48 ff.
spielen παίζω ['päso]
Spielzeug το παιχνίδι [to päch'niði]
Sport ο αθλητισμός [o aθlitis'mos] **>** 17, 85 ff.
Sprache η γλώσσα [i 'glosa]
sprechen μιλώ [mi'lo]
Staat το κράτος [to 'kratos]
Staatsangehörigkeit η ιθαγένεια [i iθa'jänia]
Stadt η πόλη [i 'poli]
Stadtplan ο χάρτης της πόλης [o 'chartis tis
'polis] **>** 67, 78
Stadtrundfahrt ο γύρος της πόλης [o 'jiros tis
'polis] **>** 78, 81
stammen κατάγομαι [ka'tagomä]
statt αντί gen [an'di]
stattfinden γίνεται ['jinätä]
stechen (Insekt) τσιμπώ [tsim'bo]
stehen στέκομαι ['stäkomä]
stehen bleiben (anhalten) σταματώ [stama'to]
stehlen κλέβω ['kläwo]
steigen ανεβαίνω [anä'wäno]
steil απότομος [a'potomos], απόκρημνος
[a'pokrimnos]
Stein η πέτρα [i 'pätra]
Stelle (Ort) το μέρος [to 'märos]
stellen τοποθετώ [topoθä'to], βάζω ['waso]
Stellung (Position) η θέση [i 'θäsi]
sterben πεθαίνω [pä'θäno]
Stern το άστρο [to 'astro]
Stil ο ρυθμός [o riθ'mos]
still ήσυχος ['isichos]

Stimme η φωνή [i fo'ni]; (Wahlen) η ψήφος
[i 'psifos]
Stock(werk) το πάτωμα [to patoma], ο
όροφος [o 'orofos]
Stoff (Textil) το ύφασμα [to 'ifasma], (Material)
η ύλη [i 'ili]
stören ενοχλώ [änoch'lo]
stornieren ακυρώνω [aki'rono]
Störung η ενόχληση [i ä'nochlisi]; (Unterbre-
chung) η διακοπή [i ðiako'pi]
stoßen σπρώχνω ['sprochno]
Strafe η τιμωρία [i timo'ria]; (Geld~) η
χρηματική ποινή [i chrimati'ki pi'ni]
Strand η παραλία [i para'lia] **>** 85 ff.
Straße ο δρόμος [o 'ðromos]; (mit Straßenna-
men) η οδός [i o'ðos]
Straßenkarte ο οδικός χάρτης [o oði'kos 'char-
tis]
Strauß (Blumen) το μπουκέτο [to bu'käto]
Strecke η έκταση [i 'äktasi]; (Bahn~) η
γραμμή [i gra'mi]
Strom το ρεύμα [to 'räwma]
Stück το κομμάτι [to ko'mati]
studieren σπουδάζω [spu'ðaso]
Stuhl η καρέκλα [i ka'räkla]
Stunde η ώρα [i 'ora]
suchen ψάχνω ['psachno]
Süden ο νότος [o 'notos]
Summe το σύνολο [to 'sinolo]
Supermarkt το σούπερ μάρκετ [to 'supär
'markät] **>** 56

T

Tabak ο καπνός [o ka'pnos]
Tag η (η)μέρα [i (i)'mära]
tanken βάζω βενζίνη ['waso wän'sini] **>** 25
Tante η θεία [i 'θia]
tanzen χορεύω [cho'räwo] **>** 82
Tätigkeit η δραστηριότητα [i ðrasti'rjotita], η
απασχόληση [i apa'θcholisi]
tauschen αλλάζω [a'laso], ανταλλάσσω
[anda'laso]
täuschen, s. ~ απατώμαι [apa'tomä]
Taxi το ταξί [to ta'ksi]
Teil το μέρος [to 'märos]
teilnehmen (an) συμμετέχω (σε) akk [simä'tä-
cho (sä)], παίρνω μέρος (σε) akk ['pärno 'mä-
ros (sä)]
telefonieren τηλεφωνώ [tiläfo'no] **>** 105 ff.
Temperatur η θερμοκρασία [i θärmokra'sia]
Termin η προθεσμία [i proθäs'mia]
teuer ακριβός [akri'wos]
Theater το θέατρο [to 'θäatro] **>** 83 f.
tief βαθύς [wa'θis]; (niedrig) χαμηλός
[chami'los]
Tier το ζώο [to 'soo]
Tisch το τραπέζι [to tra'päsi]
Tochter η κόρη [i 'kori]

Tod ο θάνατος [o 'θanatos]
Toilette η τουαλέτα [i tua'läta] > 39, 70, 107
Ton ο άργιλος [o 'arjilos]
Topf η κατσαρόλα [i katsa'rola]
Töpferei η αγγειοπλαστική [i angioplasti'ki]
tot νεκρός [nä'kros]
tragen (Tasche) κουβαλώ [kuwa'lo]; (Kleidung)
φορώ [fo'ro]; (Namen, Schuld) φέρω ['färo]
träumen ονειρεύομαι [oni'räwomä]
traurig λυπημένος [lipi'mänos]
treffen συναντώ [sinan'do]
Treppe η σκάλα [i 'skala]
treu πιστός [pi'stos]
trinken πίνω ['pino]
Trinkgeld το φιλοδώρημα [to filo'δorima] > 37, 40
Trinkwasser το πόσιμο νερό [to 'posimo nä'ro]
trotzdem παρ' όλα αυτά [par 'ola af'ta]
tschüss γεια σου/σας ['jasu/sas]
tun κάνω ['kano]
Tunnel το τούνελ [to 'tunäl]
Tür η πόρτα [i 'porta]
typisch τυπικός [tipi'kos]

U

U-Bahn το μετρό [to mä'tro] > 36 f.
Übelkeit η αναγούλα [i ana'gula]
über πάνω από akk ['pano a'po]
überall παντού [pan'du]
überfallen (Opfer, Bank) ληστεύω [lis'täwo]
überholen (schneller gehen, fahren) προσπερνώ [prospär'no]
übernachten διανυκτερεύω [δianiktä'räwo] > 8 ff., 68 ff.
überqueren διασχίζω [δia'ßchiso]; περνώ [pär'no]
überrascht έκπληκτος ['äkpliktos]
Übersee οι υπερπόντιες χώρες [i ipär'pondiäs 'choräs]
übersetzen μεταφράζω [mäta'fraso]
überweisen (Geld) εμβάζω [äm'waso]; (einen Kranken) παραπέμπω [para'pämbo]
Ufer (Meeres~) η ακτή [i a'kti]; (Fluss~) η όχθη [i 'ochθi]
Uhr το ρολόι [to ro'loi]
Uhrzeit η ώρα [i 'ora] > 18
um (herum) prp γύρω σε/από akk ['jiro sä/a'po]; (Zeitangabe) στις akk [stis]
umarmen αγκαλιάζω [angal'jaso]
umbuchen (Flug) αλλάζω πτήση [a'laso 'ptisi]
Umleitung παράκαμψη [pa'rakampsi]
umsonst (gratis) δωρεάν [δorä'an]; (vergebens) άδικα ['aδika]
umsteigen αλλάζω συγκοινωνία [a'laso singino'nia]
umtauschen ανταλλάσσω [anda'laso]
Umwelt το περιβάλλον [to päri'walon]

umziehen (Wohnung wechseln) μετακομίζω [mätako'miso]; **s. ~** αλλάζω ρούχα [a'laso 'rucha]
unbedingt adv οπωσδήποτε [opos'δipotä], απαραίτητα [apa'rätita]
unbekannt άγνωστος ['ajnostos]
und και [kä]
Unfall το ατύχημα [to a'tichima], το δυστύχημα [to δi'stichima] > 26 f.
unfreundlich αγενής [ajä'nis]
ungefähr περίπου [pä'ripu]
ungern απρόθυμα [a'proθima]
ungesund ανθυγιεινός [anθiji'nos]
ungewiss αβέβαιος [a'wäwäos]
Unglück (Unfall) το δυστύχημα [to δis'tiichima]; (Missgeschick) η ατυχία [i ati'chia], (Verderben) η δυστυχία [i δisti'chia]
unglücklich δυστυχισμένος [δistichis'mänos]
ungültig άκυρος ['akiros]
unhöflich αγενής [ajä'nis]
Unkosten τα έξοδα [ta 'äksoδa]
unmöglich αδύνατος [a'δinatos]
unruhig ανήσυχος [an'isichos]
uns akk εμάς ['ä'mas], μας [mas]
unschuldig αθώος [a'θoos]
unser δικός μας [δi'kos mas], ... μας [mas]
unter κάτω από akk ['kato a'po]; (zwischen) μεταξύ gen [mäta'ksi]
unterbrechen διακόπτω [δia'kopto]
Unterführung η υπόγεια διάβαση [i i'pojia 'δja-wasi]
Unterhaltung (Gespräch) η κουβέντα [i ku'wända]; (Vergnügen) η διασκέδαση [i δias'kädasi] > 82 ff.
Unterkunft το κατάλυμα [to ka'talima]
Unterschied η διαφορά [i δiafo'ra]
Unterschrift η υπογραφή [i ipogra'fi]
Untersuchung η εξέταση [i ä'ksätasi]
unterwegs στο δρόμο [sto 'δromo], καθ' οδόν [kaθo'δon]
unverschämt sein είμαι αδιάντροπος ['imä a'δjandropos]
unwohl αδιάθετος [a'δjaθätos]
Urlaub η άδεια [i 'aδia]
Ursache η αιτία [i ä'tia]
urteilen κρίνω ['krino]

V

Vater ο πατέρας [o pa'täras]
Verabredung (Treffen) το ραντεβού [to randä'wu] > 17 f.
verabschieden, s. ~ αποχαιρετώ [apochärä'to] > 14
verändern αλλάζω [a'laso]
Veranstaltung (Ereignis) η εκδήλωση [i äk'δilosi] > 84 f.
Veranstaltungskalender το πρόγραμμα εκδηλώσεων [to 'programa äkδi'losäon]

verbieten απαγορεύω [apago'räwo]
verbinden (am Telefon) συνδέω [sin'δäo]; (Wunde) επιδένω [äpi'δäno]
Verbindung (Verkehrs~) η ανταπόκριση [i anda'pokrisi]
verboten! απαγορεύεται [apago'räwätä]
verdienen (Geld) κερδίζω [kär'δiso]; (Lob) αξίζω [a'ksiso]
verdorben (ethisch) διεφθαρμένος [δiäfθar'mänos]; (Obst) χαλασμένος [chala'smänos]
vereinbaren συμφωνώ [simfo'no]
Verfassung (Grundgesetz) το σύνταγμα [to 'sintagma]; (Zustand) η κατάσταση [I ka'tastasi]
Vergangenheit το παρελθόν [to paräl'θon]
vergessen ξεχνώ [ksä'chno]
Vergewaltigung ο βιασμός [o wias'mos] ➤104
Vergiftung η δηλητηρίαση [i δiliti'riasi] ➤98
Vergnügen η διασκέδαση [i δia'skäδasi]
verheiratet (mit) παντρεμένος με akk [pandrä'mänos mä]
Verhütungsmittel το αντισυλληπτικό μέσο [to andisilipti'ko 'mäso]
verirren, s. ~ χάνομαι ['chanomä]
Verkauf η πώληση [i 'polisi]
Verkehr η κυκλοφορία [i kiklofo'ria]; (Verbindung) η συγκοινωνία [i singino'nia]
Verkehrsbüro το γραφείο συγκοινωνιών [to gra'fio singinoni'on]
verlängern (Dauer) παρατείνω [para'tino]; (Pass) ανανεώνω [ananä'ono]
verlieren χάνω ['chano] ➤101
verloben, s. ~ αρραβωνιάζομαι [arawo'njasomä]
Verlobte, der, die ~ ο αρραβωνιαστικός [o arawoniasti'kos], η αρραβωνιαστικιά [i arawoniasti'kja]
Verlust η απώλεια [i a'polia]
vermieten (ε)νοικιάζω [(ä)ni'kjaso]
versäumen (verpassen) χάνω ['chano]
verschieben (zeitlich) αναβάλλω [ana'walo]
verschieden διαφορετικός [δiaforäti'kos]
verschreiben γράφω ['grafo] ➤94, 99
Versehen, aus ~ κατά λάθος [ka'ta 'laθos]
Versicherung η ασφάλεια [i a'sfalia]
verspäten, s. ~ καθυστερώ [kaθistä'ro], αργώ [ar'go]
Versprechen η υπόσχεση [i i'posχäsi]
verständigen, jdn ~ ειδοποιώ [iδo'pjo]; **s. ~** συνεννοούμαι [sinäno'umä]
Verständigungsschwierigkeiten δυσκολίες στη συνεννόηση [δisko'liäs sti sinä'noisi]
verstehen καταλαβαίνω [katala'wäno]
versuchen προσπαθώ [prospa'θo]; (Speisen) δοκιμάζω [δoki'maso]
Vertrag το συμβόλαιο [to sim'woläo]
verunglücken παθαίνω ατύχημα [pa'θäno a'tichima]
verwandt συγγενής [singä'nis]

verwechseln μπερδεύω [bär'δäwo], συγχέω [sing'chäo]
verzeihen συγχωρώ [singcho'ro]
verzollen εκτελωνίζω [äktälo'niso], δηλώνω [δi'lono]
viel πολύς [po'lis]
vielleicht ίσως ['isos]
Visum η βίζα [i 'wisa] ➤24
Volk ο λαός [o la'os]
voll γεμάτος [jä'matos]; (ganz) ολόκληρος [o'lokliros]
Vollpension η πλήρης διατροφή [i 'pliris δia-tro'fi] ➤70, 72
von από akk [a'po]
vor (räumlich) μπροστά από akk [bros'ta a'po]; (zeitlich) πριν akk [prin]
Voranmeldung η προαναγγελία [i proananga'lia]
voraus, im ~ εκ των προτέρων [äk tom bro'täron]
vorbei (zeitlich) περασμένος [pära'smänos]
vorher πριν [prin]
vormittags το πρωί [to po'i]
Vorname το μικρό όνομα [to mi'kro 'onoma]
Vorort, Vorstadt το προάστιο [to pro'astio]
Vorsaison η προσεζόν [i prosä'son]
Vorschrift η προδιαγραφή [i proδiagra'fi]
Vorsicht η προσοχή [i proso'chi]; **~!** Προσοχή! [proso'chi]
Vorstellung (Theater) η παράσταση [i pa'rastasi]
Vorverkauf η προπώληση [i pro'polisi] ➤84
Vorwahlnummer ο κωδικός [o koδi'kos]
vorziehen (bevorzugen) προτιμώ [proti'mo]

◼ W

wach ξύπνιος ['ksipnios]
wählen (aus~) διαλέγω [δia'lägo]
wahr αληθινός [aliθi'nos]
während prp κατά τη διάρκεια gen [ka'ta ti 'δjarkia]; conj ενώ [ä'no]
wahrscheinlich adv πιθανόν [piθa'non]
Währung το νόμισμα [to 'nomisma]
Wald το δάσος [to 'δasos]
Wanderkarte ο χάρτης πεζοπορίας ['chartis päsopo'rias] ➤67
Wandern η πεζοπορία [i päsopo'ria] ➤89 f.
warm ζεστός [säs'tos]
warnen (vor) προειδοποιώ για akk [proiδo'pjo (ja)]
warten περιμένω [päri'mäno]
Wartesaal η αίθουσα αναμονής [i 'äθusa anamo'nis]
Wartezimmer η αίθουσα αναμονής [i 'äθusa anamo'nis]
was τι [ti]
waschen πλένω ['pläno]
Wasser το νερό [to nä'ro]

WÖRTERBUCH

wechseln (in andere Währung) αλλάζω [aˈlaso]; (in kleineres Geld) [chaˈlo]

wecken ξυπνώ [ksipˈno]

Weg ο δρόμος [o ˈðromos]

weg sein λείπω [ˈlipo]; απουσιάζω [apusiˈaso]

wegen εξαιτίας gen [äksäˈtias]

weggehen φεύγω [ˈfävgo]

Wegweiser ο οδοδείκτης [o oðoˈðiktis]

weh tun πονάω [poˈnao]

weiblich θηλυκός [θiliˈkos]

weich μαλακός [malaˈkos]

weigern, s. ~ αρνούμαι [arˈnumä]

weil διότι [ðiˈoti], γιατί [jaˈti]

weinen κλαίω [ˈkläo]

weiß άσπρος [ˈaspros]

weit (Weg) μακρύς [maˈkris], adv μακριά [maˈkrja]

Welt ο κόσμος [o ˈkosmos]

wenig λίγος [ˈligos]

weniger λιγότερος [liˈgotäros]

wenn (Bedingung) άν [an]; (zeitlich) όταν [ˈotan]

werden γίνομαι [ˈjinomä]

Werkstatt (Handwerker) το εργαστήριο [to ärgaˈstirio]; (Auto~) το συνεργείο [to sinärˈjio] ➤26, 30

werktags τις εργάσιμες μέρες [tis ärˈgasimäs ˈmäräs]

Wert η αξία [i aˈksia]

Westen η δύση [i ˈðisi]

Wetter ο καιρός [o käˈros] ➤21

wichtig σημαντικός [simandiˈkos], σπουδαίος [spuˈðäos]

wie (Frage) πώς [pos]; (Vergleich) όπως [ˈopos], σαν [san]

wieder πάλι [ˈpali]

wiederholen επαναλαμβάνω [äpanalamˈwano]

wiederkommen επιστρέφω [äpiˈsträfo]

wiedersehen ξαναβλέπω [ksanaˈwläpo]

wiegen ζυγίζω [siˈjiso]

Willkommen ! sing καλώς όρισες! [kaˈlos ˈorisäs]; pl καλώς ορίσατε! [kaˈlos oˈrisatä]

wir εμείς [äˈmis]

Wirt ο εστιάτορας [o äsˈtjatoras]

Woche η (ε)βδομάδα [i (ä)wðoˈmaða] ➤20

wohnen μένω [ˈmäno]

Wohnort, Wohnsitz η (μόνιμη) κατοικία [i (ˈmonimi) katiˈkias]

Wohnung η κατοικία [i katiˈkia]

wollen θέλω [ˈθälo]; (wünschen) επιθυμώ [äpiθiˈmo]

Wort η λέξη [i ˈläksi]

wünschen επιθυμώ [äpiθiˈmo]

Wurst Λουκάνικο [luˈkaniko]

wütend εξαγριωμένος [äksagrioˈmänos]

Z

Zahl ο αριθμός [o ariθˈmos]

zahlen πληρώνω [pliˈrono]

Zahlung η πληρωμή [i pliroˈmi]

Zahnarzt οδοντίατρος [oðonˈdiatros] ➤93 f.

zeigen δείχνω [ˈðichno]; (hinweisen) υποδείχνω [ipoˈðichno]

Zeit ο χρόνος [o ˈchronos], ο καιρός [o käˈros] ➤18 ff.

Zeitschrift το περιοδικό [to pärioðiˈko] ➤67

Zeitung η εφημερίδα [i äfimaˈriða] ➤67

Zentrum το κέντρο [to ˈkändro]

zerbrechlich εύθραυστος [ˈäfθrafstos]

zerstören καταστρέφω [kataˈsträfo]

Zeuge ο μάρτυρας [o ˈmartiras]

ziehen τραβώ [traˈwo], σύρω [ˈsiro]; (Zahn) βγάζω [ˈwgaso]

Ziel (Reise~) ο προορισμός [o proorisˈmos]

Zigarette το τσιγάρο [to tsiˈgaro]

Zimmer το δωμάτιο [to ðoˈmatio]

Zoll ο δασμός [o ðaˈsmos]

zornig θυμωμένος [θimoˈmänos], οργισμένος [orjisˈmänos]

zu (1) (Richtung) προς akk [pros]; (mit adj) πολύ [poˈli]

zu (2) (geschlossen) κλειστός [kliˈstos]

zufrieden ευχαριστημένος [äfcharistiˈmänos]

Zug το τρένο [to ˈträno] ➤33 f.

zumachen κλείνω [ˈklino]

zurück πίσω [ˈpiso]

zusammen μαζί [maˈsi]

zusätzlich επιπρόσθετος [äpiˈprosθätos]

zuschauen παρακολουθώ [parakoluˈθo]

Zuschlag το συμπλήρωμα [to siˈmbliroma]

zuschließen κλειδώνω [kliˈðono]

zuständig αρμόδιος [arˈmoðios]

zu viel πάρα πολύ [ˈpara poˈli]

zweifeln, an etw ~ αμφιβάλλω κάτι [amfiˈwalo ˈkati]

zwischen μεταξύ gen [mätaˈksi]

> BLOSS NICHT!

So vermeiden Sie Fettnäpfe

Jein!

Zu Verwirrung kann die Kopfgestik der Griechen für „Ja!" und „Nein!" führen: Ein leichtes Wiegen des Kopfes ist keineswegs ein Kopfschütteln, sondern drückt vielmehr Zustimmung aus. Ablehnung hingegen wird durch ein kurzes Anheben des Kinns symbolisiert, häufig begleitet von einem Schnalzlaut oder einem „Bah!". Das anschließende Absenken des Kinns kann dann leicht mit einem Nicken verwechselt werden.

Siesta

Es gilt als unschicklich, Menschen während der Nachmittagsruhe zu Hause aufzusuchen oder durch Telefonanrufe zu belästigen. Diese Regel trifft umso mehr in der heißen Jahreszeit und auf dem Lande zu. Als Kernzeit für die griechische Siesta kann man von 15–17 Uhr ausgehen, doch liegen die Stunde danach und die davor noch im Schwankungsbereich.

Stopp – Tabu

Strecken Sie keinem Griechen ihre offene Hand mit gespreizten Fingern entgegen, um ihm „Stopp" zu signalisieren. Diese Geste ist sehr abwertend und stellt eine schwere Beleidigung dar im Sinne von „Verpiss dich!".

Teure Mitbringsel

Man kann seinen Liebsten viele tolle Geschenke aus Griechenland mitbringen (von Backgammon-Spielen bis zum Oli-

venöl). Darunter sollten aber keine Erinnerungsstücke von historischen Ausgrabungsstätten oder Kulturdenkmälern sein, denn dies ist strafbar und der griechische Zoll ist streng und unerbittlich.

Kolossal daneben

Griechenland hat neben dem Koloss von Rhodos [o kolo'sos tis 'roðu] noch viele andere kolossale Bauten. Gehen Sie dennoch vorsichtig mit dem deutschen Wort „Koloss" um. Es gleicht allzu sehr dem griechischen Wort für den Allerwertesten [o 'kolos].

Kirchen-Knigge

Für griechische Kirchen und Klöster gilt: Der Körper sollte vollständig bedeckt sein. Also keine kurzen Hosen. Für Frauen sind teilweise sogar Kopfbedeckungen und Röcke vorgeschrieben. Dagegen sollten Männer auf Kopfbedeckungen verzichten. Achten Sie darauf, dass Sie nicht das Allerheiligste der Kapelle, den Altarraum, betreten. Der Raum zwischen Altar und Bilderwand ist geweihten Personen vorbehalten. Auch sollten Sie es tunlichst vermeiden, der Ikonenwand den Rücken zuzuwenden.

> S. 131

ACHTUNG: SLANG!

Insider Tipps

MEHR ALS NUR SPRACHE

Wenn das Wörterbuch schlapp macht und Sie nur noch Bahnhof verstehen, dann handelt es sich um einen klaren Fall von: Achtung Slang! Aber keine Panik, auf den nächsten Seiten sind Sie mittendrin in der Sprache der Insider, die auf den Straßen, in den Clubs und Bars, Shops und Lounges gesprochen wird. Wir haben sie für Sie aufgespürt: die authentischen, die wichtigsten und witzigsten Slangausdrücke. Dabei gibt es jedoch auch Formulierungen, die Sie besser meiden sollten, denn manchmal ist Schweigen wirklich Gold. Ansonsten viel Spaß beim Erweitern Ihres Wortschatzes!

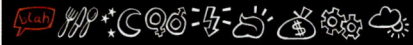

ALLTAG

■ BEGRÜSSEN UND CO

Willkommen!	[ka'los ton/tin/tus]	Καλώς τον/την/τους!
Hallo!/Tschüß!	[ja/ja cha'ra]	Γεια/Γεια χαρά!
Tschüß (vom ital. ciao)!	['tsaja]	Τσάγια!
Tschüß (wörtl. Zum guten [Weg]!)	[sto ka'lo]	Στο καλό.

■ ANTWORTEN...

klar/okey/mach ich (wörtl. ist gemacht)	['äjinä]	έγινε
ja (aber etwas gelangweilt)	['ipamä]	είπαμε
Gerne. (wörtl. Es soll dir gut gehen.)	[na sai ka'la]	Να 'σαι καλά.
Kein Problem!	[ka'näna 'prowlima]	Κανένα πρόβλημα!
Verstehe ich nicht.	['ðä chabari'aso]	Δε χαμπαριάζω.
Weiß nicht.	['ðä ska'baso]	Δε σκαμπάζω.
Keine Ahnung.	[I'ðäa ðän 'ächo]	Ιδέα δεν έχω.
Mir egal.	[kar'fi dä mu 'käjätä]	Καρφί δε μου καίγεται.
Das ist mir egal. (wörtl. auf meine Schuhe/ meine Eier)	[sta pali'a mu ta pa'putsia/ star'chidia mu]	Στα παλιά μου τα παπού- τσια./Στ' αρχίδια μου.
Das ist mir total schnuppe.	[ska'sila mu]	Σκασίλα μου.
Ich hab keine Lust/keinen Bock.	['ðä gu'staro]	Δε γουστάρω.
Auf keinen Fall!	[mä 'tipota]	Με τίποτα!
Das mach ich auf keinen Fall!	['ochi mä'mäna]	Όχι με μένα!

■ ...UND AUFFORDERUNGEN

Warte mal!	['katsa rä/'katsä mia stig'mi]	Κάτσε ρε!/Κάτσε μια στιγμή!
Beweg deinen Hintern!	[ku'nissu]	Κουνήσου!
Ruhig Blut!	['kularä/'kalmarä]	Κούλαρε!/Κάλμαρε!

■ UNTER FREUNDEN...

jdm simsen	['stälno ässä'mäs]	στέλνω εσεμές
vorbeischauen	['ärchomä na sä ðo]	έρχομαι να σε δω
auftauchen/vorbeischauen	[sk'ao 'miti]	σκάω μύτη
Ich habe Sturm geklingelt.	['äspassa ta ku'dunia]	Έσπασα τα κουδούνια.
mit jdm abhängen	[tsil'aut]	τσιλ άουτ

> www.marcopolo.de/griechisch

ACHTUNG: iƏNAֿS

quatschen	[kuwänti'aso]	κουβεντιάζω
tratschen	[i 'glossa tu/tis ro'ðani]	η γλώσσα του/της ροδάνι
Quatsch reden	[sachlama'riso]	σαχλαμαρίζω
Schwachsinn erzählen	['läo malak'iäs]	λέω μαλακίες
Lügenmärchen erzählen	[araði'aso 'psämata]	αραδιάζω ψέμματα
ins Fettnäpchen treten	['kano 'gafa]	κάνω γκάφα
sich mit jdm verkrachen	[ta 'tsugrissa mä 'kapion]	τα τσούγκρισα με κάποιον
Spielverderber	['kano cha'lastra]	Κάνω χαλάστρα.

■ DAS GEFÄLLT... ■

Das geht ab!/Das rockt!	[anä'wasi]	Ανεβάζει!
Klasse!	['murlia]	Μούρλια!
großartig/fantastisch	['mäga/'tälio/fandasti'ko/'supär]	μέγα/τέλειο/φανταστικό/ σούπερ
von etwas schwärmen	['imä ksäträla'mänos/-i mä 'kapion/ 'kati]	είμαι ξετρελαμένος/-η με κάποιον/κάτι
das Beste/die Krönung	[to kärass'aki stin 'turta]	το κερασάκι στην τούρτα
aus dem Häuschen sein	[parali'ro a'po ksa'ra]	παραληρώ από χαρά

■ ...DAS LANGWEILT... ■

nichts Besonderes	[spu'ðäa ta 'lachana]	σπουδαία τα λάχανα
stinknormal	[po'li nor'mal]	πολύ νορμάλ
Ich sterbe vor Langeweile.	[pä'ðäno a'po warä'mara]	Πεθαίνω από βαρεμάρα.

■ ...UND DAS NERVT ■

Das ist uncool.	['ðän 'inä kul]	Δεν είναι κουλ.
total sauer (wörtl. auf den Bäumen) sein	['imä sta 'ðäntra]	είμαι στα δέντρα
außer sich sein (wörtl. ich bin aus den Kleidern geraten)	[w'gika apta 'rucha mu]	βγήκα απ' τα ρούχα μου

Quatsch	[sachla'maräs]	σαχλαμάρες
Schwachsinn/absoluter Müll	[wlak'iäs/malak'iäs]	βλακίες/μαλακίες
furchtbar	['chalia]	χάλια
richtig schlecht	['mapa]	μάπα
jdn blamieren (wörtl. jdn zum Morgenrock machen)	['kano 'kapion 'roba]	κάνω κάποιον ρόμπα
jdm auf den Geist gehen	[mu ti 'ðinis]	μου τη δίνεις
jdm auf den Senkel gehen (wörtl. jdm die Eier brechen)	[mu spas tar'chiðia]	μου σπας τ' αρχίδια
Jd hat mich wütend gemacht.	[ta 'pira sto kra'nio]	Τα πήρα στο κρανίο.
herber Rückschlag	[skli'ro ch'tipima]	σκληρό χτύπημα
Das ist ein ziemlicher Reinfall.	[tin 'patissa]	Την πάτησα.

■ SCHLECHT DRAUF? ■

fix und fertig/alle sein	['imä 'psofios stin 'kurassi/ 'imä li'oma/'täsa]	είμαι ψόφιος στην κούραση/ είμαι λιώμα/τέζα
nicht ganz auf dem Damm sein	['ðän 'issä/'inä 'nä mä ta ka'la su/tu/tis]	δεν είσαι/είναι με τα καλά σου/του/της
sich aufs Ohr hauen	[p'ao na'rakso]	πάω ν' αράξω
ein Nickerchen halten	[θa tin päsos li'gaki]	θα την πέσω λιγάκι
unter Strom stehen	['imä stin 'tsita]	είμαι στην τσίτα
Was machst du für ein Gesicht?	['ti 'mutra 'inä af'ta]	Τι μούτρα είναι αυτά;
beleidigt sein	['ächo ksänä'rossi]	έχω ξενερώσει
angenervt sein	['tacho 'pari]	τα 'χω πάρει
die Beherrschung behalten	['krata ta 'näwra su]	κράτα τα νεύρα σου
die Beherrschung verlieren	['chano ton 'äläncho]	χάνω τον έλεγχο
die Nerven verlieren	['pärno a'napoðäs]	παίρνω ανάποδες
ausrasten	[mu tin 'adossä]	μου την έδωσε
in die Luft/an die Decke gehen	[ksäs'pao]	ξεσπάω
sich vor Angst in die Hosen machen	['chästika/'takana 'pano mu a'po ton 'fowo mu]	χέστηκα/τα 'κανα πάνω μου από τον φόβο μου
am Boden zerstört sein	['imä ðiali'mänos/-i]	είμαι διαλυμένος/-η

> *www.marcopolo.de/griechisch*

ACHTUNG: ¡ƧⱯNⒼ¡

ESSEN

Essen	['massäs]	μάσες
Frühstück	[proi'no]	πρωινό
Sandwich	['sanduíts]	σάντουιτς
Gyros-Suvlaki-Stube	[ji'raðiko/suwla'tsiðiko]	γυράδικο/σουβλατζίδικο
kleine Taverne, wo zum Ouzo Häppchen serviert werden	[usä'ri]	ουζερί
Fischrestaurant	[psarota'wärna]	ψαροταβέρνα
Ich habe Appetit.	[psilopi'nao]	Ψιλοπεινάω.
Ich habe einen Bärenhunger.	[ächo 'kati 'agriäs pinäs/o'räksis]	Έχω κάτι άγριες πείνες/ ορέξεις.
Ich habe Kohldampf.	['ächo 'lorðäs, 'kowi 'lorða]	Έχω λόρδες./Κόβει λόρδα.
etwas verdrücken/verschlingen	[katawroch'θiso 'kati]	καταβροχθίζω κάτι
sich den Bauch vollschlagen	[tr'oo ton ag'läora]	τρώω τον αγλέορα
sich mit etwas vollstopfen	[katä'vaso]	κατεβάζω
Das Essen ist superlecker (wörtl. perfekt wie eine Bombe).	[to faji'to 'inä 'bomba]	Το φαγητό είναι μπόμπα.
lecker (wörtl. Lokum, türkische Süßigkeit)	[lu'kumi]	λουκούμι

AUSGEHEN

◼ DRINKS ◼

alkoholische Getränke	[alkoo'lucha/alkoolli'ka/ inopnäwma'toði po'ta]	αλκοολούχα/αλκοολικά/ οινοπνευματώδη ποτά
Spirituosen	[skli'ra po'ta]	σκληρά ποτά
eine Karaffe/eine halbe Karaffe	[m'ia ka'rafa, miss'i ka'rafa]	μία καράφα/μισή καράφα
Ein Bier! – (nach Flaschenfarbe wörtl. ein Grünes/ein Rotes)	[m'ia 'prassini/'kokini]	Μία πράσινη/κόκκινη!
Bier mit Schnaps (wörtl. U-Boot)	[ipo'wrichio]	υποβρύχειο
Raki mit Honig (warm, kretisch)	[ra'komälo]	ρακόμελο
ein Kurzer	['äna sfi'naki]	ένα σφηνάκι
Ouzo/Raki/Tsípuro/ Tsikudia pur	['uso/ra'ki/'tsipuro/ tsikuði'a sfi'naki]	ούζο/ρακή/τσίπουρο/ τσικουδιά σφηνάκι
...mit Eis?	[mä 'pago]	...με πάγο;
Fusel	[fti'no krass'i]	φτηνό κρασί
Laden mit Lizenz zum Verkauf alkoholischer Getränke	[ba'raki/u'saðiko/tsipu'raðiko]	μπαράκι/ουζάδικο/ τσιπουράδικο
Wein- und Spirituosenhandlung	[inopol'io/'kawa]	οινοπωλείο/κάβα

■ IN DER BAR/KNEIPE/IM KAFFEEHAUS ■

Café/Kaffeehaus	[kafä'täria/kafä'näs/kafän'io]	καφετέρια/καφενές/ καφενείο
Stammcafé/-kneipe	['stäki]	στέκι
Türsteher (2. wörtl. Leibwächter/Schläger)	[porti'äris/'brawos]	πορτιέρης/μπράβος
brechend/gerammelt voll	['fiska]	φίσκα
aufgedonnert	[wam'äni/stolis'mäni]	βαμμένη/στολισμένη
aufgetakelt	[ksipas'mäni/'psonio]	ξιπασμένη/ψώνιο
Er/Sie tanzt wie verrückt (wörtl. wie ein Presslufthammer)	[cho'räwi san komprä'sär]	χορεύει σαν κομπρεσέρ
Tolle/geile Musik!	[i musi'ki 'inai 'murlia]	Η μουσική είναι μούρλια!
Kneipentour	[mia 'jira sta ba'rakia/kla'bakia]	μια γύρα στα μπαράκια/ κλαμπάκια
Das ist meine Runde.	[kärn'ao mia 'jira]	Κερνάω μια γύρα.
in einem Zug austrinken	['aspro 'pato]	άσπρο πάτο
Runter damit!	[pi'äs 'aspro 'pato]	Πιες άσπρο πάτο!
ein schnelles Bier trinken	['pino sta 'grigora mia 'bira]	πίνω στα γρήγορα μια μπίρα
eins für den Weg (wörtl. der letzte Drink)	[to täläftäo po'to]	το τελευταίο ποτό
durchgemachte Nacht	[ksimä'roθika]	ξημερώθηκα

■ SPÄTER... ■

einen sitzen haben/ betrunken sein	['ägina 'pita]	έγινα πίτα
sturzbetrunken	['ägina 'widäs/aäro'plano/gol]	έγινα βίδες/αεροπλάνο/γκολ
einen Kater haben	[fti'achno kä'fali]	φτιάχνω κεφάλι
nüchtern werden	[ksälabi'karo]	ξελαμπικάρω
Gehen wir Kuttelsuppe essen! (nachdem man Alkohol getrunken hat)	['pamä gia pa'tsa]	Πάμε για πατσά!

■ RAUCHEN ■

Zigaretten/Kippen/Fluppen	[tsiga'rakia/siga'räta]	τσιγαράκια/σιγαρέτα
Sargnägel	[palio'tsigara]	παλιοτσίγαρα
Kann ich mir eine schnorren?	[na su 'kano mja 'traka]	Να σου κάνω μια τράκα;
qualmen wie ein Schlot	[kap'nisi san fu'garo/tsimini'ära]	καπνίζει σαν φουγάρο/ τσιμινιέρα
Hier ist es total verraucht.	[fntu'mani 'äjinä äðo 'mäsa]	Ντουμάνι έγινε εδώ μέσα.

> *www.marcopolo.de/griechisch*

ACHTUNG: ¡SLANG!

MANN UND FRAU

◼ LEUTE

Typ/Kerl	[tipos/'mangas]	τύπος/μάγγας
cooler Typ	['muri]	μούρη
Macho	['matso]	μάτσο
Mädel/Tussi	['gomäna]	γκόμενα

◼ FLIRTEN UND MEHR

jdn sehr toll finden	[ton/tin gus'taro]	τον/την γουστάρω
jdn anquatschen/jdn anmachen	['kano ka'maki]	κάνω καμάκι
knutschen	[cha'ðakia kä fi'lakia]	χαδάκια και φιλάκια
jdn abschleppen	[ton/tin 'äriksa]	τον/την έριξα
mit jdm zusammensein	[ta fti'achno mä 'kapion]	τα φτιάχνω με κάποιον
sich jdn schön trinken	['pino na maga'pissi(s)]	πίνω να μ' αγαπήσει(ς)
keine Unterwäsche tragen	['tsitsiðos/-i]	τσίτσιδος/-η
eine Latte	[mu/tu si'koðikä]	μου/του σηκώθηκε
keinen Ständer bekommen	[ðä mu si'konätä]	δε μου σηκώνεται
Gummi/Präser/Kondom	['lasticho/ka'pota]	λάστιχο/καπότα
vögeln	[pið'ao/gam'ao]	πηδάω/γαμάω
Sex	[ga'misi]	γαμήσι
Ich bin verliebt (wörtl. ich schwebe in den Wolken).	[pät'ao sta 'sinäfa]	Πετάω στα σύννεφα.
schwer verliebt sein	['imä trä'la ärotäw'mänos/-i]	είμαι τρελά ερωτευμένος
jdn versetzen	['stino 'kapion]	στήνω κάποιον
mit jdm Schluss machen	[ta 'chalassa mä 'kapion]	τα χάλασα με κάποιον
Aus den Augen, aus dem Sinn. (wörtl. Augen, die man nicht sieht, vergisst man schnell.)	['matia pou ðän 'wläpontä 'grigora lismoni'untä]	Μάτια που δεν βλέπονται γρήγορα λησμονιούνται.

Andere Mütter haben auch schöne Töchter/Söhne.	['ächi ki a'lu portokali'äs pu 'kanun porto'kalia]	Έχει κι αλλού πορτοκαλιές που κάνουν πορτοκάλια.
(wörtl. Auch anderswo bringen Orangenbäume Orangen hervor.)		
Junggesell(inn)en-Abschied	[är'jäniko 'parti]	εργένικο πάρτι
heiraten	['bika sto 'luki tu 'gamu]	μπήκα στο λούκι του γάμου
Er steht unter ihrem Pantoffel	[ton 'ächossä sto wra'ki tis]	Τον έχωσε στο βρακί της.
(wörtl. Sie hat ihn in ihre Unterhose gesteckt.)		

SCHIMPFEN, LÄSTERN, FLUCHEN

■ STANDARDS ■■■■■■■■■

Meine Güte!/Großer Gott!	['θä'ä kä 'kiriä]	Θεέ και Κύριε!
Mist!	[ska'ta]	Σκατά!
Verdammt/Zum Teufel!	[na 'pari i or'ji/Sto ði'aolo]	Να πάρει η οργή!/ Στο διάολο!
Verdammt/Verflucht!	[ga'moto]	Γαμώτο!
Vergiss es!	['ksächassä to]	Ξέχασέ το!
Halt die Klappe!	['wulosto!/ 'skassä]	Βούλωστο!/Σκάσε!
Lass mich/uns in Ruhe!	[pa'rata mas]	Παράτα μας!
Hau ab!/Verzieh dich!	['ðinä tu/'kopsä 'laspi]	Δίνε του!/Κόψε λάσπη!
Du kannst mich mal!	['antä ga'misu]	Άντε γαμήσου!
jdn veräppeln	[li'ono k'apion]	λιώνω κάποιον
jdn verarschen	[ðu'läwo 'kapion]	δουλεύω κάποιον
über jdn lästern	[kutsobo'läwo/bä'nawo]	κουτσομπολεύω/μπενάβω

■ SPINNER UND TROTTEL ■■■■■■

Spinner	[spass'iklas mä 'kati]	σπασίκλας με κάτι
(Computer-)Nerd	[kompioutä'rakias]	κομπιουτεράκιας
Streber	[spass'iklas]	σπασίκλας
Trottel/Pappnase	[wla'mänos/-i]	βλαμμένος/-η
Was für ein Depp!	[ti ma'lakas]	Τι μαλάκας!
Er/Sie stellt sich manchmal wirklich idiotisch an.	[märi'käs fo'räs paro'stani ton cha'so]	Μερικές φορές παριστάνει τον χαζό!
Er/Sie hat keine Ahnung von etwas.	['dän katä'wasi to mia'lo mu/su]	Δεν κατεβάζει το μυαλό μου/σου.

> *www.marcopolo.de/griechisch*

ACHTUNG: ¡SLANG!

Er/Sie hat keinen blassen Schimmer.	[ðän 'ksäri ti tu/tis 'jinätä]	Δεν ξέρει τι του/της γίνεται.
Er/Sie ist strohdoof. (wörtl. hat Stroh im Kopf)	['ächi 'achira sto kä'fali]	Έχει άχυρα στο κεφάλι.
Er/Sie ist saudumm (wörtl. ein Vollochse).	['inä/'issä 'woði]	Είναι/Είσαι βόδι.
Er/Sie hat sie nicht alle.	[ðän 'inä sta ka'la tu./'tachi 'päksi.]	Δεν είναι στα καλά του./Τα 'χει παίξει.
Er/Sie ist übergeschnappt.	['tachi 'chassi/cha'mäna]	Τα 'χει χάσει/χαμένα.
ein Verrückter	[psi'chakias/lo'los]	ψυχάκιας/λωλός
Er/Sie ist total verrückt.	['tu/'su chi 'stripsi äntä'los]	Του/Σου 'χει στρίψει εντελώς.
Er/Sie hat nicht mehr alle Tassen im Schrank.	[ðän 'inä sta ka'la tu/tis/su]	Δεν είναι στα καλά του/της/σου.
Er/Sie hat einen totalen Dachschaden.	['ächi la'lissi]	Έχει λαλήσει.
Vollidiot	[wla'komutro]	βλακόμουτρο

■ MEHR BELEIDIGUNGEN ■

total nerven	[mu ti 'ðini/sp'ai]	μου τη δίνει/σπάει
Sturkopf	[ksäro'käfalos]	ξεροκέφαλος
Schleimer	['gliftis]	γλύφτης
jdn in den Arsch kriechen	[kolo'gliftis]	κωλογλύφτης
große Klappe, nichts dahinter	['kani ton ka'bosso]	Κάνει τον καμπόσο.
Klugscheißer	[äksip'nakias]	εξυπνάκιας
Memme/Weichei/Warmduscher	['pustis]	πούστης
Zicke/Biest	['skila/ka'tina]	σκύλα/κατίνα
Proll	[rä prolä'tariä]	Ρε προλετάριε!
Rüpel/Rowdy	[fasari'osos]	φασαριόζος
der größte Mistkerl weit und breit	[o mäga'litäros ma'lakas tis jis]	ο μεγαλύτερος μαλάκας της γης
Unruhestifter/Aufrührer	[tra'bukos]	τραμπούκος

UNAPPETITLICHES

Klo	[a'popatos/skati'āra/'chästra]	απόπατος/σκατιέρα/χέστρα
Ich muss mal pinkeln/ Ich muss mal.	[p'ao nadi'asso/p'ao ja ka'turima]	Πάω ν' αδειάσω./ Πάω για κατούρημα.
kacken	['kano ska'ta/'chäso]	κάνω σκατά/χέζω
Dünnpfiff haben	[m'äpiassä tsirlipi'pi/ tsirlo'näri]	μ' έπιασε τσιρλιπιπί/ τσιρλονέρι
einen fahren lassen	['klano/a'fino mia por'ði]	κλάνω/αφήνω μια κλανιά
rülpsen	['räwomä]	ρεύομαι
sich übergeben	[ksäräno]	ξεραίνω

GELD

■KOHLE■

Kohle/Knete	[läf'ta/'fraga]	λεφτά/φράγκα
Drachme/n (i. S. von Geld allg.)	[drach'mi/'äs]	δραχμή/ές
Riese (Tausender)	[chili'ariko]	χιλιάρικο
Zwanni (Zwanziger)	[koss'ariko]	κοσάρικο
Zehner/Fünfer	[ðä'kariko/'taliro]	δεκάρικο/τάληρο
Cents	[läp'ta]	λεπτά
Silber-/Kupfermünzen	[kärmata]	κέρματα
Kleingeld	[psi'ta/ðä'karäs]	ψιλά/δεκάρες

■HABEN ODER NICHT■

fette Kohle	[mat'so]	ματσό
ein Haufen Geld	['äna so'ro 'chrimata]	ένα σωρό χρήματα
stinkreich sein	[wrm'ai a'po ta läf'ta]	βρωμάει από τα λεφτά
in Geld schwimmen	[kolimp'ao sto 'chrima]	κολυμπάω στο χρήμα

> *www.marcopolo.de/griechisch*

ACHTUNG: ¡SLANG!

ein Schweinegeld verdienen	[w'gaso ta malio'käfala mu]	βγάζω τα μαλλιοκέφαλά μου
geizig/knauserig sein	[spagora'mänos/-i/'spagos]	σπαγγοραμένος/-η/σπάγγος
Geizhals/Geizkragen	[tsi'gunis/-a]	τσιγγούνης/-α
knapp bei Kasse/pleite sein	[dän 'ächo m'ia/'imä ta'pi/ba'tiris]	δεν έχω μία/είμαι ταπί/μπατίρης
Ich bin blank (wörtl. habe keine Drachme).	[dän 'ächo drach'mi]	Δεν έχω δραχμή.

KOSTEN ODER NICHT

Was kostet/ hat der Spaß gekostet?	['posso θa su/mu wji]	Πόσο θα σου/μου βγει;
Das ist aber happig!	['inä tsuchtä'ro]	Είναι τσουχτερό!
ein Vermögen kosten	[kos'tisi mia o'lokliri päriuss'ia]	κοστίζει μια ολόκληρη περιουσία
ein Schnäppchen	[sä ti'mi äfkär'ias/kälä'puri]	σε τιμή ευκαιρίας/κελεπούρι
spottbillig	['panftino]	πάνφθηνο
umsonst	['tsampa]	τζάμπα
Rechne nicht jeden Pfennig nach!	[min ta psi'risis]	Μην τα ψειρίζεις!

AUSGEBEN UND EINNEHMEN

etwas abstauben	[ta ma'säwo]	τα μαζεύω
etwas verscherbeln/ verticken	[sko'tono 'kati]	σκοτώνω κάτι
jdn abzocken (wörtl. jdn ausziehen)	['gdino 'kapion]	γδύνω κάποιον
zu viel ausgeben/bezahlen	[ta 'richno/ta 'staso]	τα ρίχνω/τα στάζω
Man hat mich ausgenommen (wörtl. gemolken).	[mä 'armäksan]	Με άρμεξαν.
Geld zum Fenster rausschmeißen	[pät'ao ta läf'ta a'po to pa'raθiro/ston a'ära]	πετάω τα λεφτά από το παράθυρο/στον αέρα
sein Geld in Alkohol investieren	[tr'oo/'äfaga ta läf'ta mu sto pio'to]	τρώω/έφαγα τα λεφτά μου στο πιοτό

ARBEIT

Tretmühle	['luki]	λούκι
in Arbeit versinken	['pnigomä sti duli'a]	πνίγομαι στη δουλειά

sich totarbeiten	[sko'toθika/'psofissa/ ksäs'kistika sti ðuli'a]	σκοτώθηκα/ψόφησα/ ξεσκίστηκα στη δουλειά
eine ruhige Kugel schieben	[chala'ra]	Χαλαρά!
Das ist ein Kinderspiel.	['inä päch'niði ja 'mäna]	Είναι παιχνίδι για μένα.
Pillepalle	[pa'näfkolo]	πανεύκολο
sich zu Tode langweilen	[skilowari'ämä]	σκυλοβαριέμαι
blaumachen/krankfeiern	['kano skassiarch'io/ko'pana]	κάνω σκασιαρχείο/κοπάνα
Pfusch	[psäftoðuli'a]	ψευτοδουλειά
schief gehen	['takana/-äs 'θalassa]	τα 'κανα/-ες θάλασσα
daneben gehen/ in die Hose gehen	['wúliaksan ta 'schädia]	βούλιαξαν τα σχέδια
vergeigen	['takana/-äs ska'ta]	τα 'κανα/-ες σκατά
jd, der alles vermasselt	[skati'as/simi'aris]	σκατιάς/ζημιάρης
jdm eine Standpauke halten	[ta 'psälno sä 'kapion]	τα ψέλνω σε κάποιον

WETTER

Es ist ganz schön frisch.	['ächi arkä'ti psi'chrúla]	Έχει αρκετή ψυχρούλα.
Es ist saukalt draußen!	['kani 'psofo 'äkso]	Κάνει ψόφο έξω!
Es schifft. (wörtl. Es regnet Stuhlbeine)	['richni karäklo'poðara]	Ρίχνει καρεκλοπόδαρα.
Es pisst.	['wrächi mä to tu'lúmi]	Βρέχει με το τουλούμι.
klatschnass sein	['imä/'äjina 'múskäma]	είμαι/εγινα μούσκεμα
wie ein begossener Pudel (wörtl. Katze/Entchen)	[san wräg'mäni 'gata/ wräg'mäno pa'pi]	σαν βρεγμένη γάτα/ βρεγμένο παπί
Es ist tierisch heiß.	[lio'piri 'äkso]	Λιοπύρι έξω.
Was für eine Bullenhitze! (wörtl. Ein Kamin heute!)	[ka'mini 'simära]	Καμίνι σήμερα!
ein bisschen Sonne tanken	[p'ao na ma'säpso 'ligo 'ilio]	πάω να μαζέψω λίγο ήλιο
krebsrot (wörtl. rot wie ein Hummer)	['kokinos/-i san asta'kos]	κόκκινος/-η σαν αστακός
Sonnenliege	[ksa'plostra]	ξαπλώστρα